Pour lui rendre justice

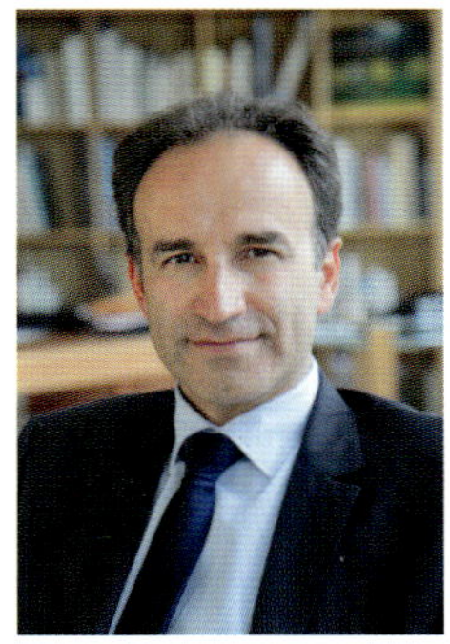

Jeanne d'Arc et Rouen : entre Jeanne et la ville de son martyre – ville où fut aussi prononcée son innocence en 1456, à l'issue du procès en annulation de la condamnation de 1431 –, le lien est indissociable, immémorial.

Arrivée à Rouen la veille de Noël 1430, Jeanne n'y a passé que quelques mois jusqu'à son supplice le 30 mai 1431, mais ces mois ont marqué l'Histoire de notre pays et ont fait de Jeanne un symbole de notre territoire. Elle était la « Pucelle d'Orléans », mais c'est peut-être à Rouen que sa destinée prend toute sa grandeur tragique. Son souvenir douloureux s'inscrit dans différents lieux du patrimoine et du paysage rouennais où elle connut les épreuves et le supplice : le donjon où elle fut menacée de la torture, l'abbatiale Saint-Ouen dont le cimetière fut le lieu de son abjuration, l'archevêché qui abrite les vestiges de la salle dite de l'Officialité où fut prononcée sa condamnation et le procès en annulation, la place du Vieux-Marché bien sûr, la Seine enfin où furent jetées ses cendres. Alors que le monde entier associe Jeanne à Rouen, il fallait réparer une dette profonde, lui rendre justice : c'est pour y contribuer que la Métropole Rouen Normandie, sous l'impulsion de Laurent Fabius, a décidé en 2012 la création d'un Historial consacré à l'héroïne, qui ouvre ses portes au printemps 2015.

Il fallait d'autant plus réparer cette dette qu'à Rouen l'hommage à Jeanne fut tardif, empêché peut-être par un sentiment de culpabilité inavouée, plus sûrement aussi par les conflits politiques qui firent rage autour de la figure de Jeanne au tournant du XXe siècle et contribuèrent à en faire un sujet hautement sensible. Il fallut attendre les années 1920 pour voir les fêtes consacrées à l'héroïne, chaque dernier dimanche de mai, prendre leur essor. Quelques moments grandioses – en 1931 pour le 500e anniversaire de sa mort, en 1956 pour l'anniversaire de sa réhabilitation, en 1964 avec la venue du ministre de la Culture André Malraux qui prononce des paroles restées célèbres – servirent de jalons jusqu'à l'édification sur le Vieux-Marché de l'église et du mémorial Sainte-Jeanne d'Arc, hommage à la fois civique et religieux, inauguré en 1979.

Cette démarche de commémoration serait cependant restée incomplète en l'absence d'un lieu de remémoration autour de Jeanne. Autrefois si vive et si présente, la mémoire de l'héroïne s'est peu à peu obscurcie et éloignée depuis un demi-siècle. À Rouen et ailleurs, la ferveur de l'hommage, qui avait été un véritable culte, a faibli. Pour trouver une nouvelle vigueur, et surtout une nouvelle jeunesse (car il ne s'agit pas de faire revivre la mémoire de Jeanne telle qu'elle existait sous la IIIe République), il fallait donc que l'hommage se nourrisse d'une familiarité retrouvée avec cette figure sans pareille de notre histoire. Tel est le propos de l'Historial : rendre vie à Jeanne et la rendre à tous. En retraçant sur les lieux mêmes de son procès son histoire et sa postérité, qui ont, l'une et l'autre également tumultueuses et exceptionnelles, contribué à façonner notre roman national, l'Historial participe de la démarche – d'intérêt général – d'un hommage tout à la fois civique et contemporain, nécessairement libre et pluriel aussi, à Jeanne.

Je vous en souhaite une bonne découverte.

Très chaleureusement à vous,

FRÉDÉRIC SANCHEZ
Président de la Métropole Rouen Normandie

Paul Delaroche
Jeanne d'Arc malade est interrogée dans sa prison par le cardinal de Winchester 1824
Huile sur toile, 277 × 217,5 cm
Coll. Musée des beaux-arts de Rouen

Cette toile de Delaroche marque l'entrée en grande pompe de la peinture romantique dans l'univers de Jeanne. Violente, la lumière théâtralise le terrible huis-clos où se joue un duel inégal et perdu d'avance. Digne héritier de l'impérieux *Ézéchiel* de Michel-Ange (chapelle Sixtine), le terrible cardinal de Winchester magnétise les regardeurs depuis son exposition au Salon de 1824.

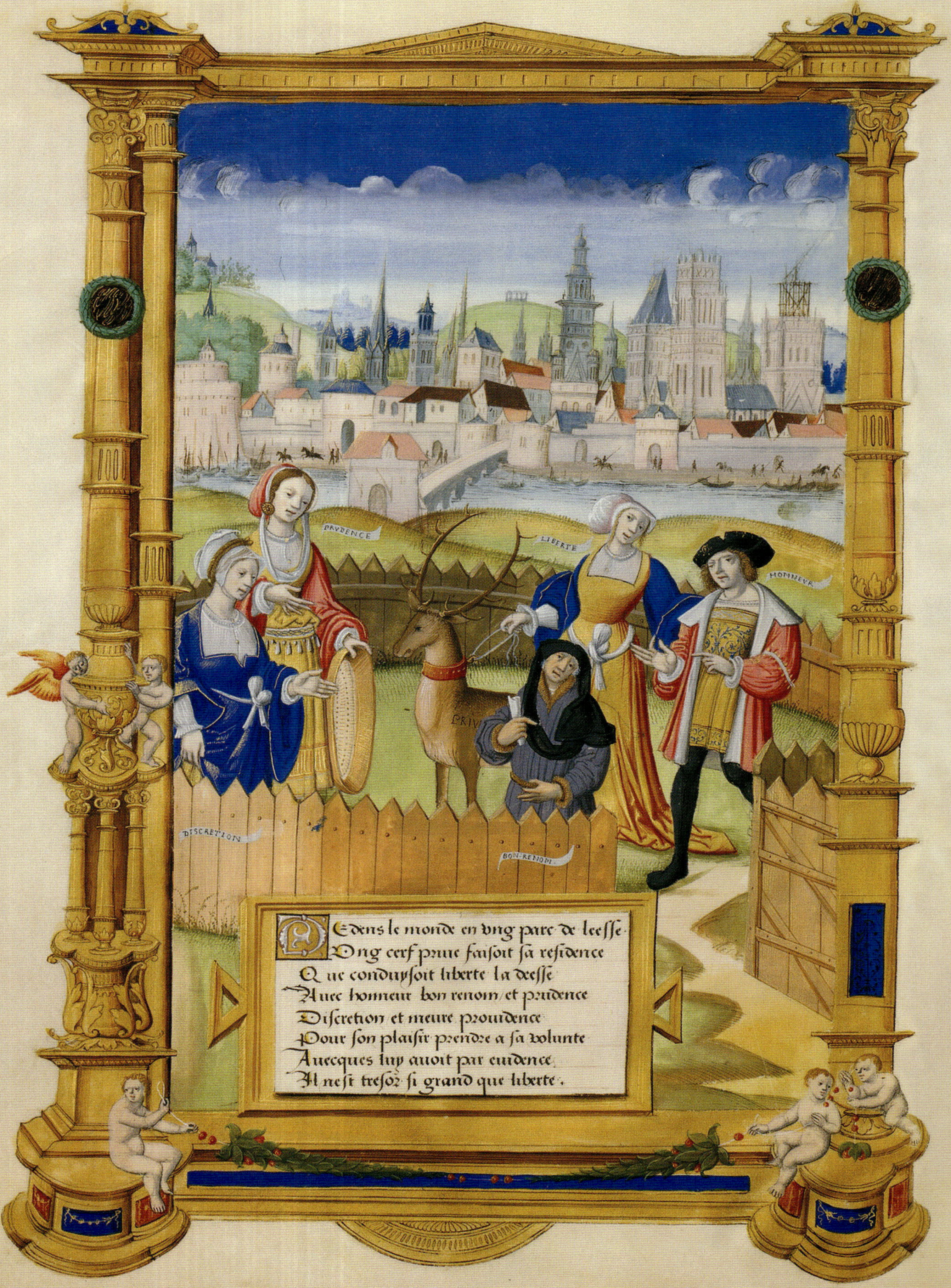
PRVDENCE
LIBERTE
HONNEVR
DISCRETION
BON·RENOM
DEdens le monde en vng parc de leesse
Vng cerf priue faisoit sa residence
Que conduysoit liberte la deesse
Auec honneur bon renom et prudence
Discretion et meure prouidence
Pour son plaisir prendre a sa volunte
Auecques luy auoit par euidence
Il nest tresor si grand que liberte.

Rouen, une grande ville au temps de Jeanne

PAR JEAN-MARC GOGLIN
Professeur agrégé, docteur en philosophie médiévale

Lorsqu'un voyageur arrive à Rouen au début du XVe siècle, il découvre des maisons en encorbellement aux toits recouverts de tuiles et poutres de chêne en façade. L'architecture en pierre, au coût élevé, est réservée aux bâtiments publics, aux églises et aux parties basses des maisons cossues. Au cœur de la cité, on déambule à travers un lacis de ruelles sinueuses, bruyantes et malodorantes, particulièrement animées. La rue, où s'échangent les nouvelles, est le lieu de tous les excès. On s'y interpelle, le plus souvent en français, quelquefois en anglo-normand. Le langage est vert et les plaisanteries parfois douteuses. Se traiter de « fils d'Anglais » est alors une insulte grave, passible d'une condamnation devant l'Official de Rouen.
C'est l'enseigne qui guide l'amateur vers les échoppes. Les artisans travaillent dans leur atelier ou dans la rue. Le tavernier propose de la bière, de la cervoise et du vin au Rouennais réputé boire beaucoup. Le pelletier expose des fourrures d'agneau, de vair ou de martre. Plus loin, l'épicier vend des électuaires, des sirops et des plantes, tandis que le boulanger fabrique le pain, base de l'alimentation. Sur l'étal du poissonnier sont alignés des poissons séchés, saurissés ou frais, achetés aux pêcheurs de Dieppe, de Flandre et de Hollande. À côté, le boucher coupe de la viande de mouton et de bœuf, ensuite vendue au poids, indépendamment du morceau et de la bête, les abats étant réservés aux pauvres. Un peu plus loin, on est attiré par l'étalage de draps, estampillés du sceau de plomb de la draperie rouennaise les garantissant « bons pour la vente ». La laine vient du pays de Caux, de Picardie et de Bourgogne. Ces ventes, dites « à la fenêtre », sont généralement monétarisées, mais le troc est encore pratiqué.

Effervescence sur les bords de Seine

Pour se rendre au port, on longe le quai encombré du bois de construction en transit. On y croise des patriciens, personnages centraux de la vie municipale, dont les activités sont essentielles à la prospérité de la ville et la guilde puissante. Depuis le port, on peut aussi observer le débarquement des marchandises, draps de Castille, vins d'Espagne ou de Gascogne, épices achetées en Hollande, ou autre sel de Bretagne. Le transbordement y est difficile : le port ne dispose d'aucun engin de débarquement et les bateaux mouillent au milieu du fleuve. Durant la régence du duc de Bedford, à partir de 1422, les patriciens se réjouissent de la reprise du commerce. Si les Rouennais ont longtemps eu le monopole de la navigation sur la basse Seine, ils subissent toutefois la concurrence des marchands parisiens qui commercent librement de Mantes à Honfleur. Aussi craignent-ils que Rouen ne devienne un avant-port de Paris. À raison.

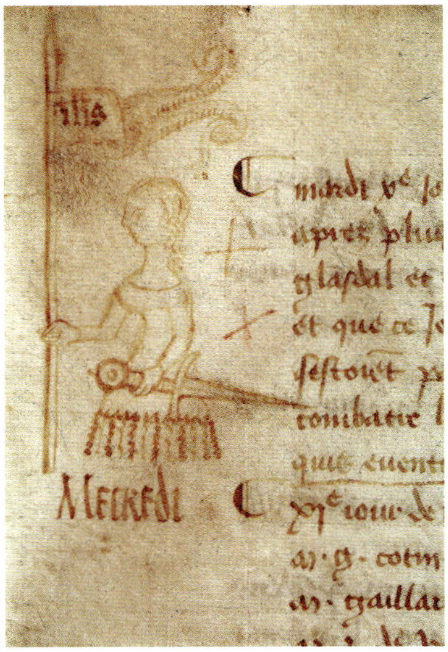

CI-DESSUS
Jeanne d'Arc tenant son épée et sa bannière, 1429
Détail d'un feuillet du registre du Parlement de Paris consignant la levée du siège d'Orléans. Coll. Archives nationales, Paris © Luisa Ricciarini/Leemage
Le greffier du Parlement de Paris, qui n'a jamais vu la jeune fille, l'évoque en quelques traits. Il l'affuble d'une robe et de longs cheveux qu'elle ne porte plus depuis longtemps, tenant une épée et un étendard qui deviendront ensuite de véritables attributs.

PAGE DE GAUCHE
***Le Cerf privé dans son parc, avec vue de Rouen en arrière-plan* 1530-1535**
Miniature par le Maître des Heures Ango
Coll. BnF, Paris © BnF, dist. RMN-GP/image BnF
Avec la guerre de Cent Ans, la ville de Rouen devient anglaise. L'activité de son port reste néanmoins soutenue.

Les lieux emblématiques de Rouen au Moyen Âge

PAR JEAN-MARC GOGLIN
Professeur agrégé, docteur en philosophie médiévale

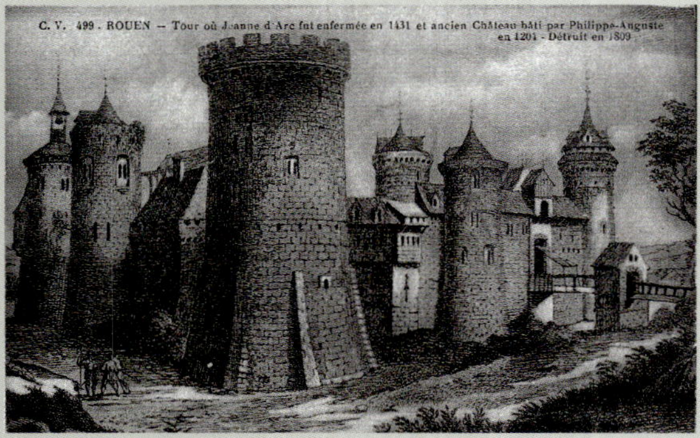

© Coll. Métropole-Rouen-Normandie/Legs Reymon

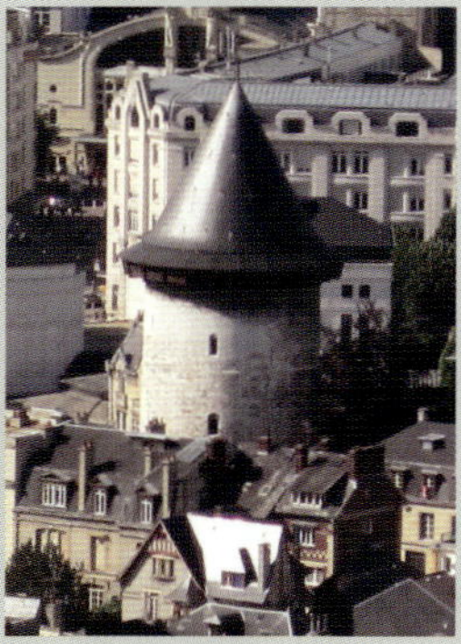

© DR

Le château de Bouvreuil

De plan polygonal, il doit son nom au lieu sur lequel il est bâti. Construit à la demande de Philippe Auguste qui, en 1204, rattache le duché de Normandie à la couronne de France, il remplace le château ducal, détruit, pour mieux surveiller la ville. La nouvelle bâtisse est flanquée de plusieurs renforts circulaires ou hémicylindriques, son entrée étant percée entre deux tours. Le donjon, inséré dans la muraille, est isolé. Après avoir servi de résidence aux rois de France puis d'Angleterre, ce château est détruit à la fin du XVe siècle. Il n'en subsiste aujourd'hui que le donjon dit « tour Jeanne d'Arc », restauré par Eugène Viollet-le-Duc.

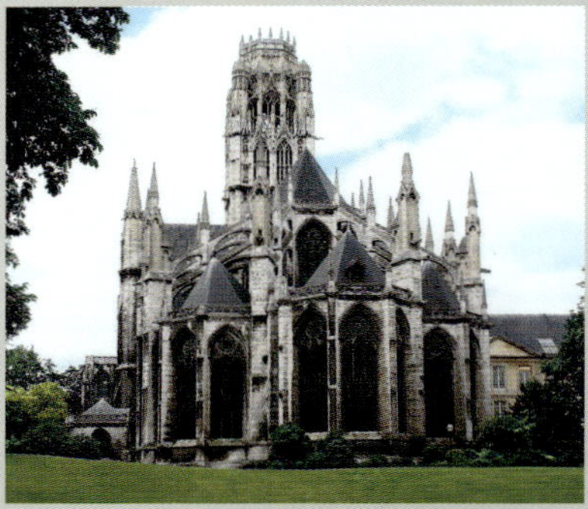

© Shutterstock/And_Ant

L'abbaye Saint-Ouen

Fondée vers 750, l'abbaye de Saint-Ouen porte le nom du saint évêque de Rouen qui y est enterré. Elle est une des plus puissantes abbayes de Normandie grâce à ses nombreuses dotations. On accède à l'abbatiale par le portail des Marmousets. Le chœur, reconstruit après 1318, est de style gothique rayonnant, composé de grandes arcades à multiples colonnettes, d'un triforium aux légères arcatures à clairevoie et de fenêtres hautes en continuité. Le transept et la nef, en harmonie, sont achevés dans la première moitié du XVe siècle.

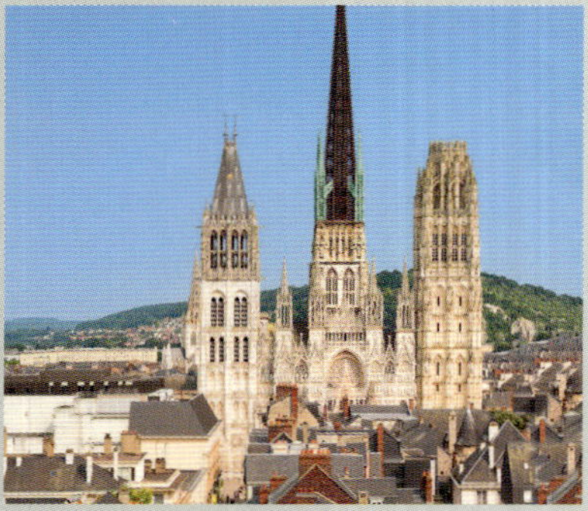

© Shutterstock/SergiyN

La cathédrale Notre-Dame

Siège de l'archevêché, la cathédrale constitue le centre de la vie religieuse de Rouen, mais aussi de toute la Normandie. Elle est construite à partir de 1145, à la demande de l'archevêque Hugues d'Amiens, sur l'emplacement d'une cathédrale romane dont la crypte est conservée. En 1200, elle est gravement endommagée par un incendie auquel ne subsistent que la façade, les travées de la nef et une tour. La reconstruction s'effectue en plusieurs étapes. La nef est achevée entre 1234 et 1237, puis des chapelles latérales sont ajoutées entre 1265 et 1275. Les portails de la Calende, au sud, et des Libraires, au nord, sont édifiés après 1280.

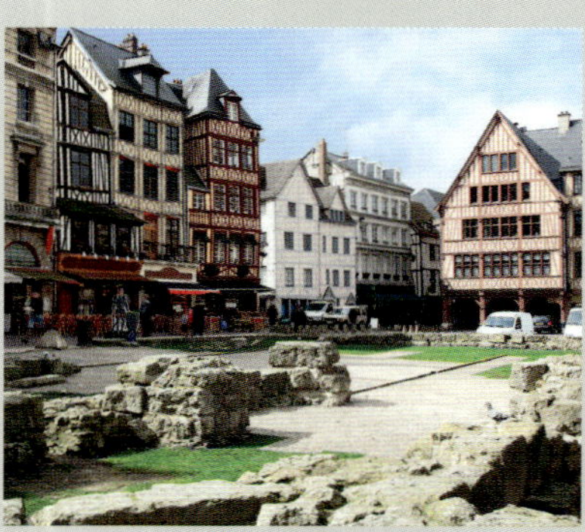

© Shutterstock/Katarzyna Mazurowska

La place du Vieux-Marché

Elle abrite un des plus anciens marchés de la ville, attesté dès le XIIIe siècle. La place prend son nom au XVe siècle, après l'aménagement du Neuf-Marché, dédié aux herbes et aux volailles. De forme triangulaire, elle s'ouvre vers l'ouest depuis le parvis de l'église Saint-Michel et englobe, au sud-ouest, l'église Saint-Sauveur et son cimetière. Un pavement en silex la rend praticable en toute saison. Au centre, une halle accueille bouchers et poissonniers. Au nord, une partie des maisons est dotée d'avant-soliers qui abritent chalands et revendeurs. Au sud, la place s'ouvre sur le marché aux Veaux. Les marchés sont alors hebdomadaires.

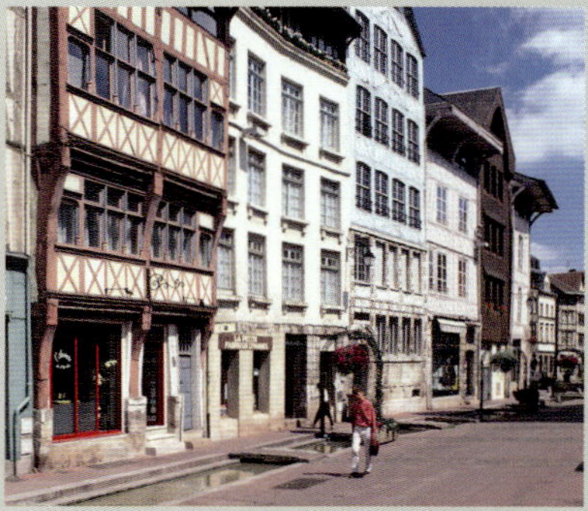

© Luc Boegly/Artedia/Leemage

Le quartier du Robec

Le quartier doit son nom à un affluent de la Seine long de neuf kilomètres. Artisan et populaire, il est situé à l'est de la ville. En aval du Robec, les meuniers ont installé une douzaine de moulins où tous les boulangers sont tenus de faire moudre leur blé. En amont, les foulons et teinturiers ont établi leurs ateliers, raison pour laquelle l'eau du Robec change de couleur plusieurs fois par jour. L'artisanat du drap a en effet fait la richesse et la renommée de Rouen. Ce quartier conserve néanmoins un aspect marécageux et malsain auquel les maisons sont adaptées : des passerelles les relient les unes aux autres pour éviter de fouler le sol.

Personnages clés sur l'échiquier politique

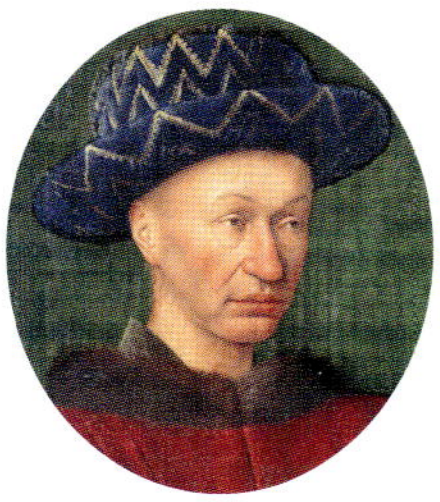

Charles VII de Valois (1403-1461)

par Jean Fouquet (détail), 1444
Coll. Musée du Louvre, Paris
© Photo Josse/Leemage

Dauphin de France en 1417, il s'autoproclame roi de France en 1422 à la mort de Charles VI, en dépit du traité de Troyes de 1420 selon lequel le trône revient à Henri VI d'Angleterre. Grâce à Jeanne d'Arc, il est sacré roi de France à Reims le 17 juillet 1429. Le traité d'Arras (21 septembre 1435) marque l'avènement officiel de son règne, et son pouvoir est progressivement restauré dans l'ensemble du royaume après la libération de Paris en 1436. Resté en dehors du procès de condamnation de Jeanne, il ordonne sa révision le 15 février 1450, moins pour rétablir la réputation de cette dernière que pour réfuter la calomnie des Anglais de devoir son règne à une hérétique.

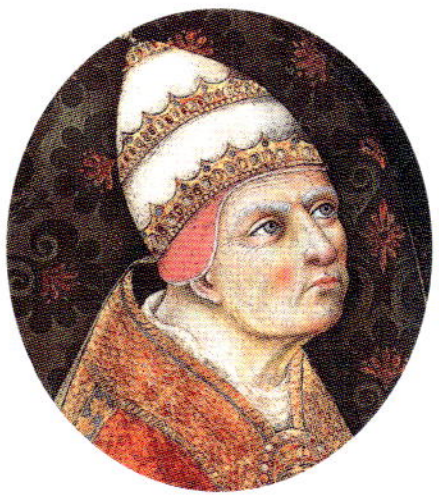

Calixte III (1378-1458)

La Vierge recommandant Sienne à Calixte III (détail), XVe siècle. Peinture d'Ansano di Mancio Sano di Pietro.
Coll. Pinacoteca nazionale, Sienne © DeAgostini/Leemage

Issu de la famille des Borgia, originaire du royaume de Valence, Alfonso est un brillant juriste, nommé évêque de Valence par Martin V (1429), puis cardinal par Eugène IV (1444). Élu pape en 1455 en raison de son intégrité et de sa piété, il reçoit une supplique des parents de Jeanne demandant l'annulation de la condamnation du procès de 1431 et le rétablissement de l'honneur de la condamnée. Par une bulle du 11 juin 1455, il ouvre officiellement le procès en nullité de condamnation. Sans doute convaincu du bien-fondé d'une telle révision, il cherche aussi à s'assurer du concours de Charles VII dans son dessein d'une grande croisade anti-turque.

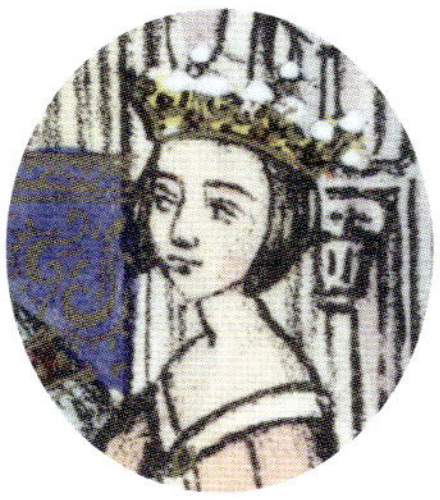

Yolande d'Aragon (vers 1385-1442)

Lithographie d'après le manuscrit des *Chroniques* de Jean Froissart (détail), 1868. Coll. privée
© Florilegius/Leemage

Fille du roi Jean Ier d'Aragon et de Yolande de Bar, elle épouse Louis II, duc d'Anjou, roi de Naples et comte de Provence. La « belle et sage » princesse, louée par le poète Martin le Franc, règne sur le duché d'Anjou tout le temps où son mari tente de conquérir Naples, puis à la suite de son décès prématuré en 1417. C'est elle qui élève le futur Charles VII, promis de sa fille Marie qu'il épouse en 1422. Elle est aussi l'un de ses principaux soutiens politiques et financiers. À la tête de son duché qu'elle parvient à préserver autant que faire se peut face aux Anglais, elle mène une politique clairement anti-bourguignonne et a favorisé les initiatives de la Pucelle.

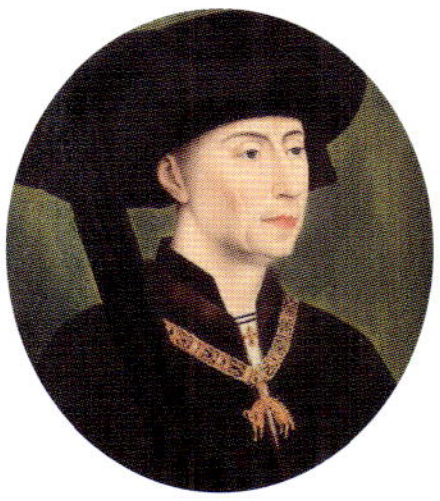

Philippe le Bon (1396-1467)

D'après Roger Van der Weyden (détail), XVe siècle
Coll. Musée du Louvre, Paris
© Photo Josse/Leemage

Devenu duc de Bourgogne en 1419, suite à l'assassinat de son père Jean sans Peur, il signe le traité de Troyes en 1420. Allié au duc de Bedford, son futur beau-père, il conclut cependant des trêves avec le Dauphin de France dès 1424, sans le reconnaître roi pour autant. Celle qu'il conclut avec Charles VII le 28 août 1429 (traité de Compiègne) explique en partie l'échec du siège de Paris et une certaine prise de distance du roi avec la Pucelle. Ayant obtenu le gouvernement de Paris et le comté de Champagne, Philippe le Bon entreprend en mai 1430 le siège de Compiègne où il rencontre Jeanne tout juste capturée.

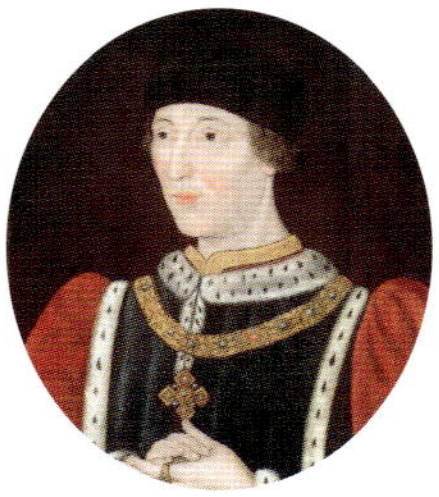

Henri VI de Lancastre (1421-1471)

Anonyme (détail), 1550
Coll. privée © Philip Mould Ltd, London/Bridgeman Images

Fils d'Henri V d'Angleterre et de Catherine de Valois, à moins d'un an, il est reconnu roi de France au décès de Charles VI, survenu en 1422 quelques mois à peine après celui de son père, en vertu du traité de Troyes. La régence est assurée par ses oncles Humphrey, duc de Gloucester, pour le royaume d'Angleterre, et Jean, duc de Bedford, pour le royaume de France. Il est sacré roi d'Angleterre à Westminster le 6 novembre 1429 et roi de France à Notre-Dame de Paris le 16 décembre 1431. Au château de Bouvreuil de Rouen, il cohabite avec Jeanne, qui y est emprisonnée, sans que l'on ne sache s'ils se sont rencontrés.

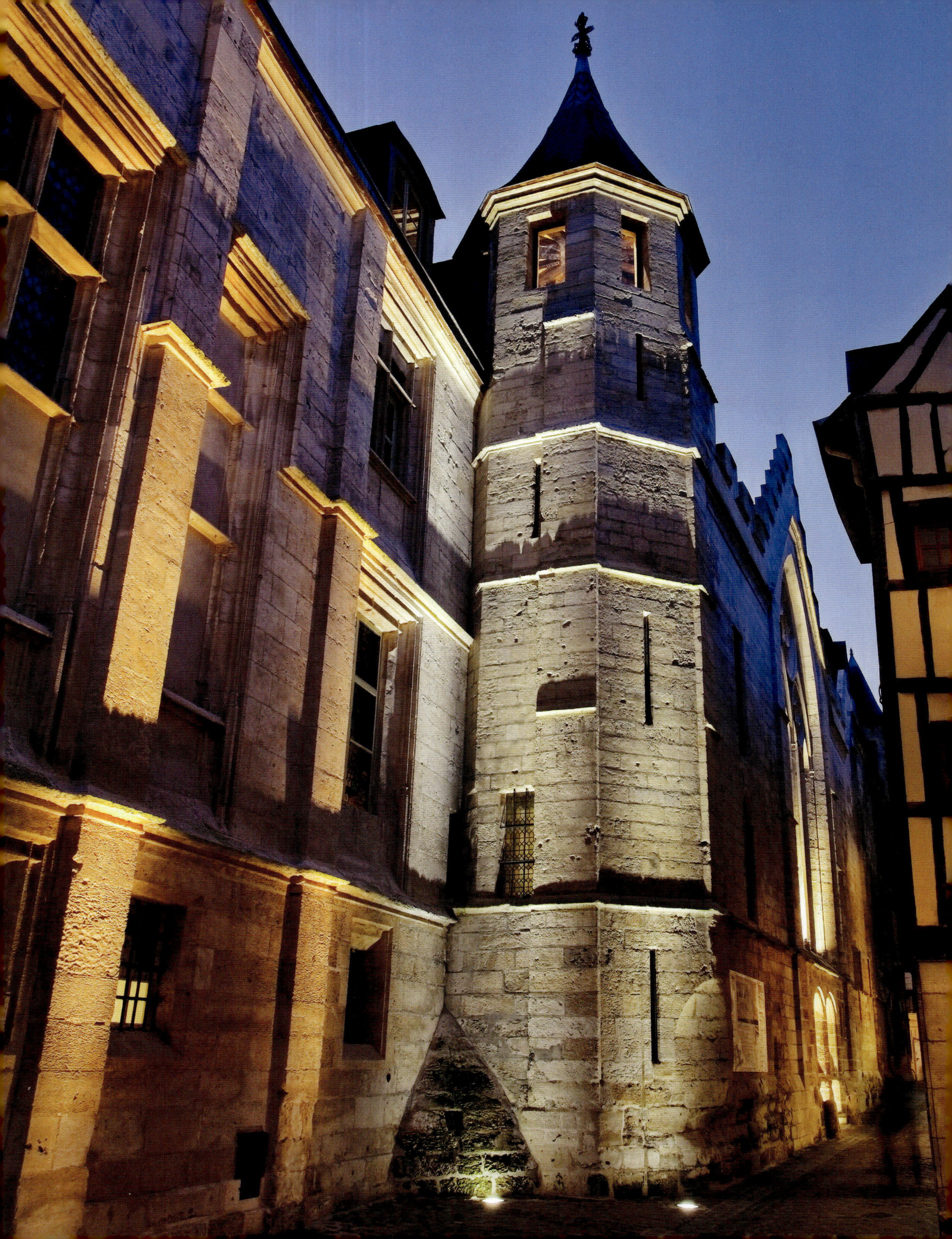

L'Historial au cœur du palais archiépiscopal

PAR JULIEN NOBLET
Historien de l'art

Situé au nord-est de la cathédrale Notre-Dame, l'archevêché de Rouen représente l'un des ensembles épiscopaux les mieux conservés de France. En dépit de nombreuses modifications apportées au fil des siècles, il constitue un remarquable témoignage de la commande architecturale de nombreux prélats qui se sont succédé depuis le Moyen Âge. Renforçant son lien avec l'époque médiévale et l'histoire rouennaise, ce joyau est aujourd'hui en partie dévolu à l'Historial Jeanne d'Arc.

L'archéologie, associée à l'étude de sources, a permis d'attester l'existence d'un groupe épiscopal de la fin du IVe siècle, dont les vestiges, deux basiliques et un baptistère, demeurent enfouis sous l'actuel lieu de culte et à ses abords. La reconstruction du palais épiscopal au XIe siècle est longtemps restée attribuée à l'archevêque Guillaume Ier de Bonne-Âme, nommé par Guillaume le Conquérant en juillet 1079. Mais la campagne d'archéologie du bâti lancée par le Service régional d'archéologie dans le cadre des travaux liés à l'Historial a permis de renouveler nos connaissances. Formant le niveau inférieur de l'aile occidentale de la cour d'honneur, deux salles, improprement appelées cryptes, n'en formaient ainsi qu'une à l'origine. Il s'agissait d'une salle voûtée partiellement enterrée, longue de trente mètres et large de plus de sept mètres, largement modifiée au XIIIe siècle. Du temps de Guillaume de Flavacourt, archevêque entre 1278 et 1306, elle est partiellement détruite. Seule la partie septentrionale est conservée sur cinq travées voûtées d'arêtes sur doubleaux : aujourd'hui appelée crypte romane, elle correspond au premier espace de projection du *Procès du procès de Jeanne d'Arc* de l'Historial.

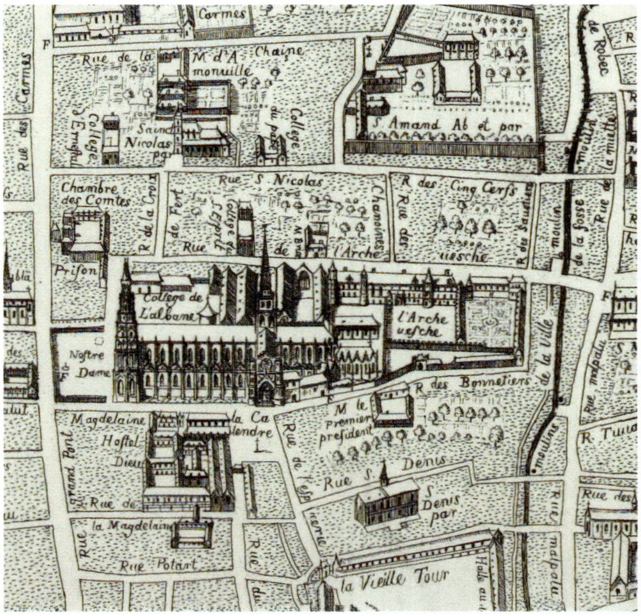

Digne d'un hôtel aristocratique

Progressivement, le logis a été étendu vers l'est, en particulier par Louis de Luxembourg (1437-1443) puis par Guillaume d'Estouteville (1453-1483), où l'essentiel de l'Historial se situe. Il s'agit d'un véritable palais urbain, avec une distribution et des élévations s'apparentant à celles des hôtels aristocratiques. Voûté de belles croisées d'ogives et dévolu aux espaces de services, notamment aux cuisines, le rez-de-chaussée conserve d'impressionnantes cheminées aux foyers largement ouverts. Cet espace sert désormais d'écran et d'écrin à la suite du *Procès du procès de Jeanne d'Arc*. Le périple se poursuit dans l'office et les anciens locaux de service (salle de garde…) toujours au rez-de-chaussée de l'hôtel d'Estouteville, puis dans son comble, au-dessus de la salle des États, appelé grand comble, fortement remanié au XVIIIe siècle

CI-DESSUS
Plan de la ville de Rouen (détail), 1655
D'après Jacques Gomboust, 84 × 165 cm
Coll. Bibliothèque municipale de Rouen
Le palais épiscopal après les travaux conduits sous Georges d'Amboise au XVIe siècle.

PAGE DE GAUCHE
L'Historial depuis la rue Saint-Romain

et, enfin, dans le petit comble de l'hôtel de Luxembourg. Autre étape décisive, les aménagements conçus par Georges Ier d'Amboise (1495-1510), qui ont donné au palais sa disposition actuelle. Jugeant le logis de Guillaume d'Estouteville démodé, il en construit un nouveau doté d'une chapelle, comprenant non pas un mais deux étages sous comble, ce qui entraîne un décalage des niveaux en façade, néanmoins unifiée par la présence de la même esthétique flamboyante.
Si les archevêques délaissent le palais au XVIIe siècle, avec le XVIIIe renaît une période faste. Considérant que la grande chapelle, sise dans la cour d'Estouteville, assombrissait la salle des États abritée à l'étage noble du logis, Claude-Maur d'Aubigné (1708-1719) la supprime. À sa place, il fait ériger l'actuelle chapelle d'Aubigné, disposée perpendiculairement au logis. Dotée de trois travées prolongées au sud d'une abside semi-circulaire, elle jouxte directement la chapelle axiale de la cathédrale. Sa sobriété extérieure contraste avec la richesse du décor intérieur en stuc, quelque peu postérieur et remis en valeur lors de la récente restauration opérée par l'architecte en chef des Monuments historiques Pierre-André Lablaude.

Nouvelle répartition au XVIIIe siècle

Au milieu du XVIIIe siècle, Nicolas de Saulx-Tavannes (1734-1759) impulse alors une grande campagne de modernisation, confiée, en 1742, à l'architecte Antoine Matthieu Le Carpentier, par ailleurs concepteur du nouvel hôtel de ville de Rouen quelques années plus tard. L'archevêque ordonne une nouvelle répartition des espaces. Une cour d'honneur est aménagée, qui ouvre sur la rue des Bonnetiers par un portail monumental à double incurvation. La cour de la Maîtrise vient prendre la place de l'ancienne salle de l'Officialité, à côté de la tour du Guet. Cette grande salle, dont seul subsiste le pignon nord ajouré d'une baie au remplage gothique, a accueilli le 28 mai 1431 la réunion solennelle des juges et des conseillers du procès de condamnation de Jeanne d'Arc autour de l'évêque Pierre Cauchon, ainsi que les principales séances publiques du procès de réhabilitation des 15 décembre 1455, 2 juillet et 7 juillet 1456. Une vaste bibliothèque, destinée à abriter l'impressionnante collection d'ouvrages de Nicolas de Saulx-Tavannes, est également élevée en lieu et place de la galerie nord sur le jardin. Et les appartements font l'objet d'un réaménagement intérieur : outre le décor de la chapelle d'Aubigné, des boiseries (partiellement conservées dans la salle des États) recouvrent les murs tandis que le sol est doté d'un pavage alterné identique à celui de la chapelle. Enfin, un nouvel escalier d'honneur monumental est installé dans un petit corps longitudinal – placé à la jonction de la salle des États et de l'escalier à vis de l'aile d'Estouteville – magnifiant l'accès à l'étage à la faveur de ses deux volées de marches à incurvations opposées que sépare un étroit repos.
Ultime étape, l'œuvre unificatrice de Dominique de la Rochefoucauld (1759-1800) dans les dernières décennies du XVIIIe siècle. Il fait supprimer le décor gothique des façades et surtout gommer la différence de niveau entre les ailes d'Estouteville et d'Amboise donnant sur la cour d'honneur, via un décor feint de fenêtres. À l'intérieur, l'impressionnante salle des États est de nouveau réaménagée telle qu'on peut la découvrir aujourd'hui : un plafond de plâtre sur voussures est posé, et les boiseries dues à Le Carpentier accueillent quatre grands tableaux commandés à Hubert Robert, des vues paysagères intégrant le château de Gaillon, le port du Havre, la ville de Dieppe et celle de Rouen (cette dernière étant datée de 1773). La visite de l'Historial, logé dans ce monument à l'histoire et à l'architecture exceptionnelles, offre ainsi une véritable leçon et un plaisir d'architecture.

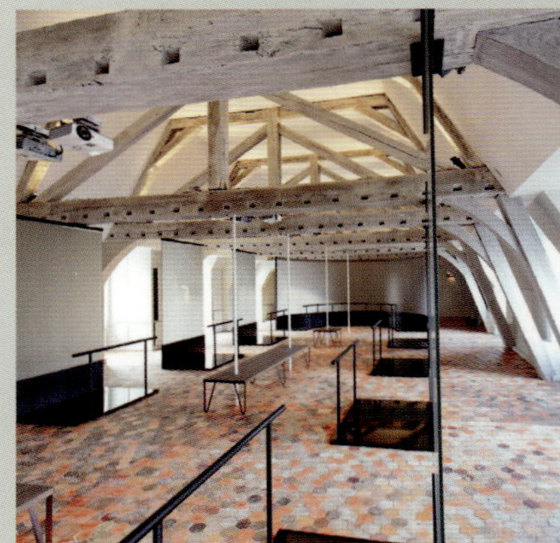

GRAND COMBLE
Il se trouve au troisième étage, au-dessus de la salle des États amménagée dès le XVIe siècle dans le logis d'Estouteville.

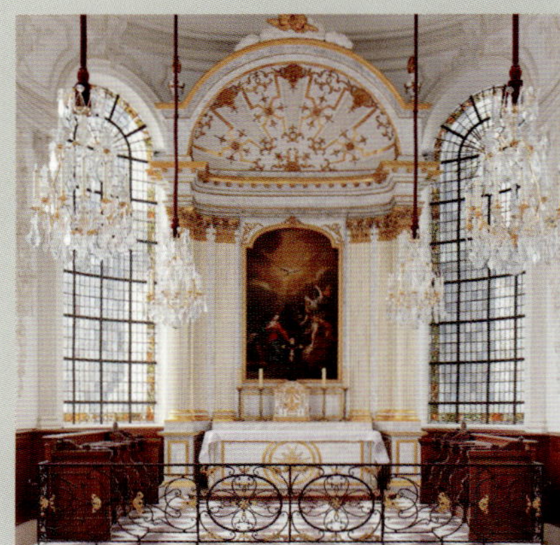

CHAPELLE D'AUBIGNÉ
Très lumineuse, elle porte le nom de son commanditaire, l'archevêque Claude-Maur d'Aubigné, qui la fit élever en 1716, perpendiculairement au corps du logis d'Estouteville.

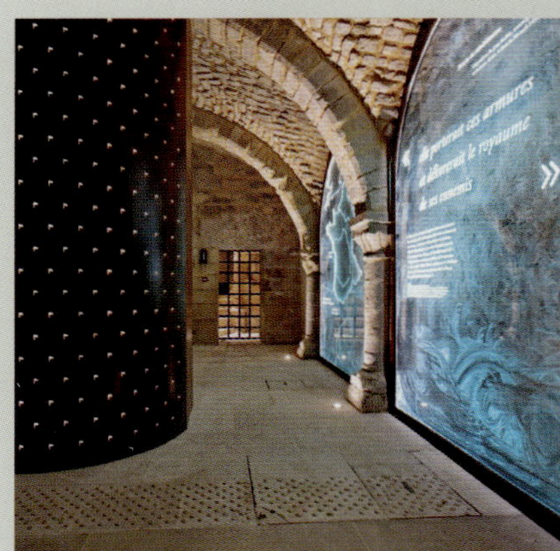

CRYPTE ROMANE
Voûtée d'arêtes sur doubleaux, cet espace correspond à la partie septentrionale d'une grande salle du XIIe siècle.

Les salles de l'Historial pas à pas

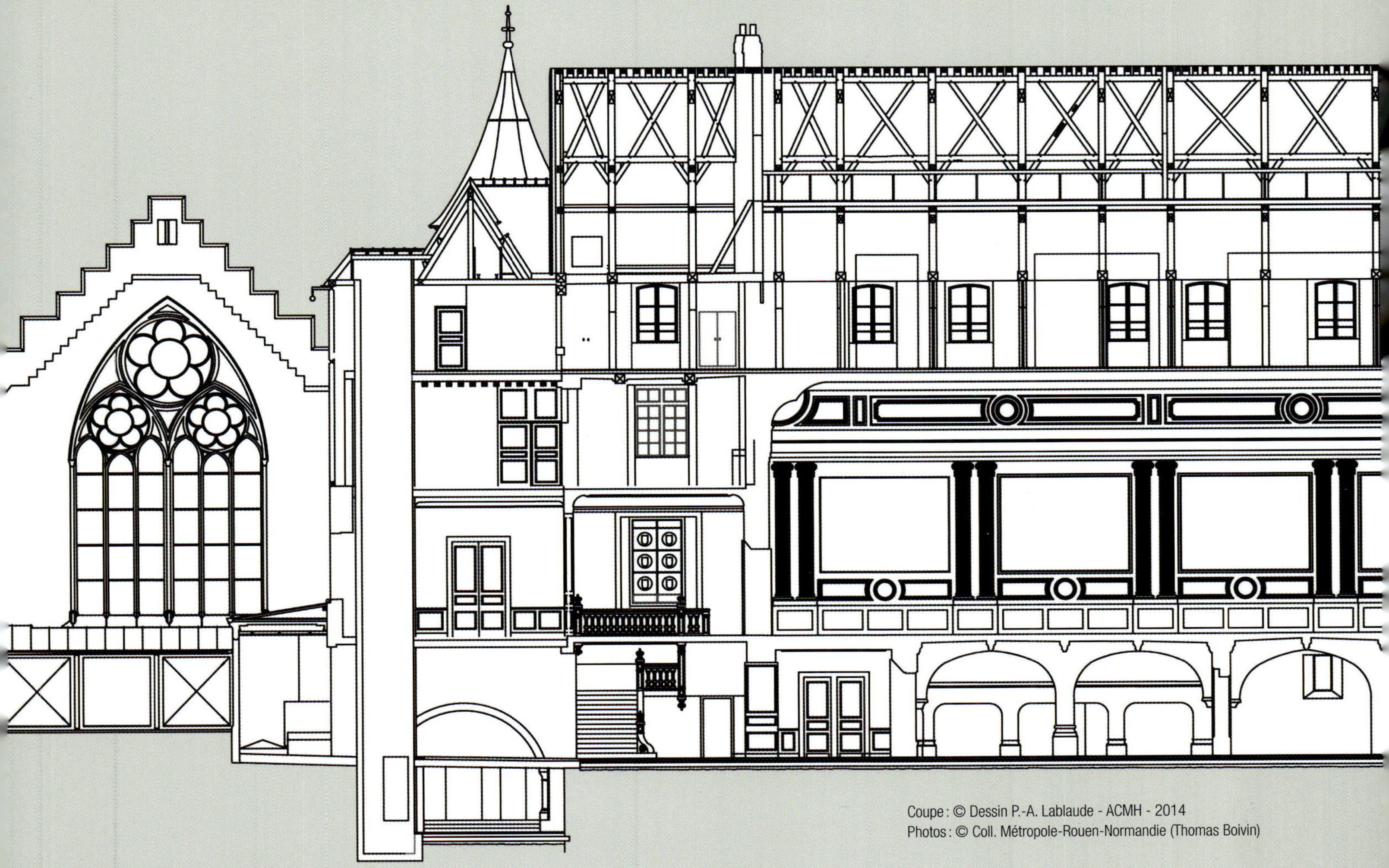

Coupe : © Dessin P.-A. Lablaude - ACMH - 2014
Photos : © Coll. Métropole-Rouen-Normandie (Thomas Boivin)

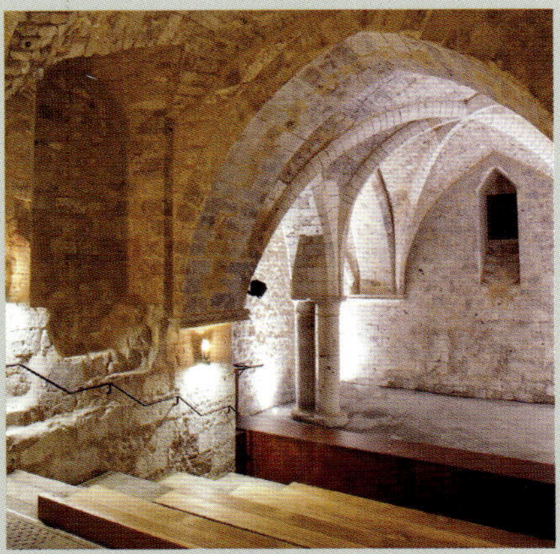

CRYPTE GOTHIQUE
À l'origine, cet espace voûté d'ogives ne faisait qu'un avec la crypte romane, partiellement enterrée.

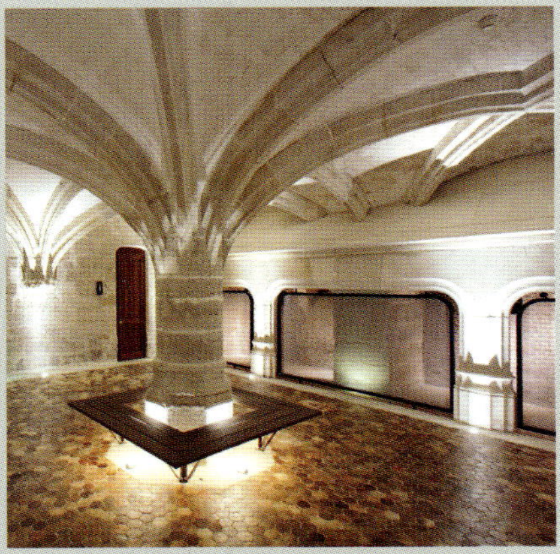

ANCIENNES CUISINES
Dotée de trois cheminées, cette cuisine a été aménagée lors de l'agrandissement du palais par Guillaume d'Estouteville à la fin du XVe siècle.

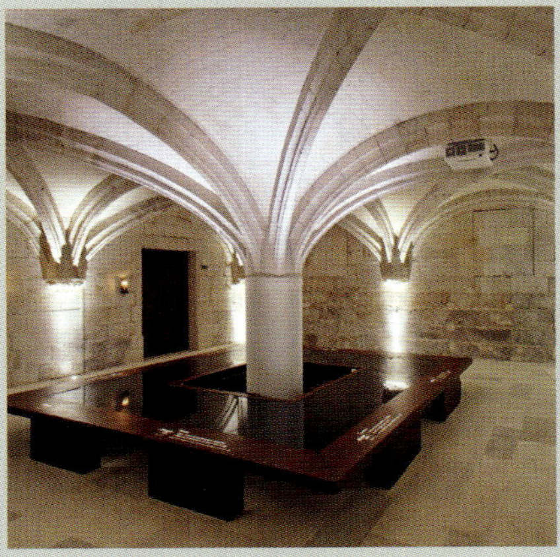

ANCIEN OFFICE
Voûté de croisées d'ogives, l'ancien office se situe dans le prolongement des cuisines, au rez-de-chaussée du logis d'Estouteville.

Le Procès du procès de Jeanne

SCÉNARIO ÉCRIT PAR PHILIPPE BARBENÈS, OLIVIER BRUNET ET MARIE-HÉLÈNE GARNIER
RÉALISÉ PAR OLIVIER BRUNET (LES FILMS D'ICI, 2015)
DANS UNE SCÉNOGRAPHIE CONÇUE PAR CLÉMENCE FARRELL ET CHARLOTTE LESSANA
CONSEILLERS HISTORIQUES : PHILIPPE CONTAMINE ET OLIVIER BOUZY
RÉSUMÉ PAR CLAUDE POMMEREAU

Jean Beaupère
Interprété par
Daniel Lesur

Isabelle Romée
Interprétée par
Marie-Hélène Garnier

Guillaume Manchon
Interprété par
Philippe du Janerand

André Marguerie
Interprété par
Alain Bézu

Louis de Coutes
Interprété par
Nicolas Dégremont

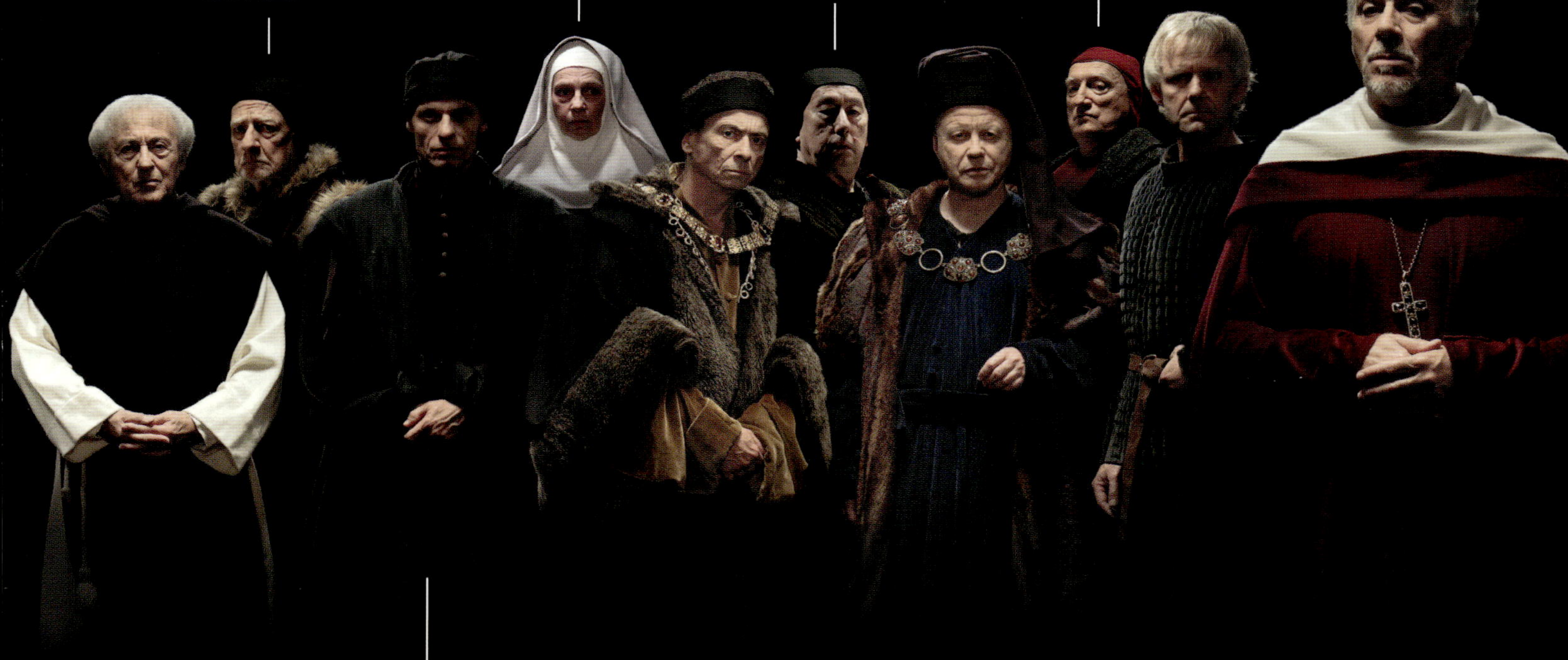

Frère Seguin
Interprété par
Henri Osinki

Jean Barbin
Interprété par
Christophe Grégoire

Jean d'Orléans, comte de Dunois
Interprété par
Jean-Marc Talbot

Jean d'Aulon
Interprété par
Bernard Cherbœuf

Jean Juvénal des Ursins
Interprété par
Bernard Alane

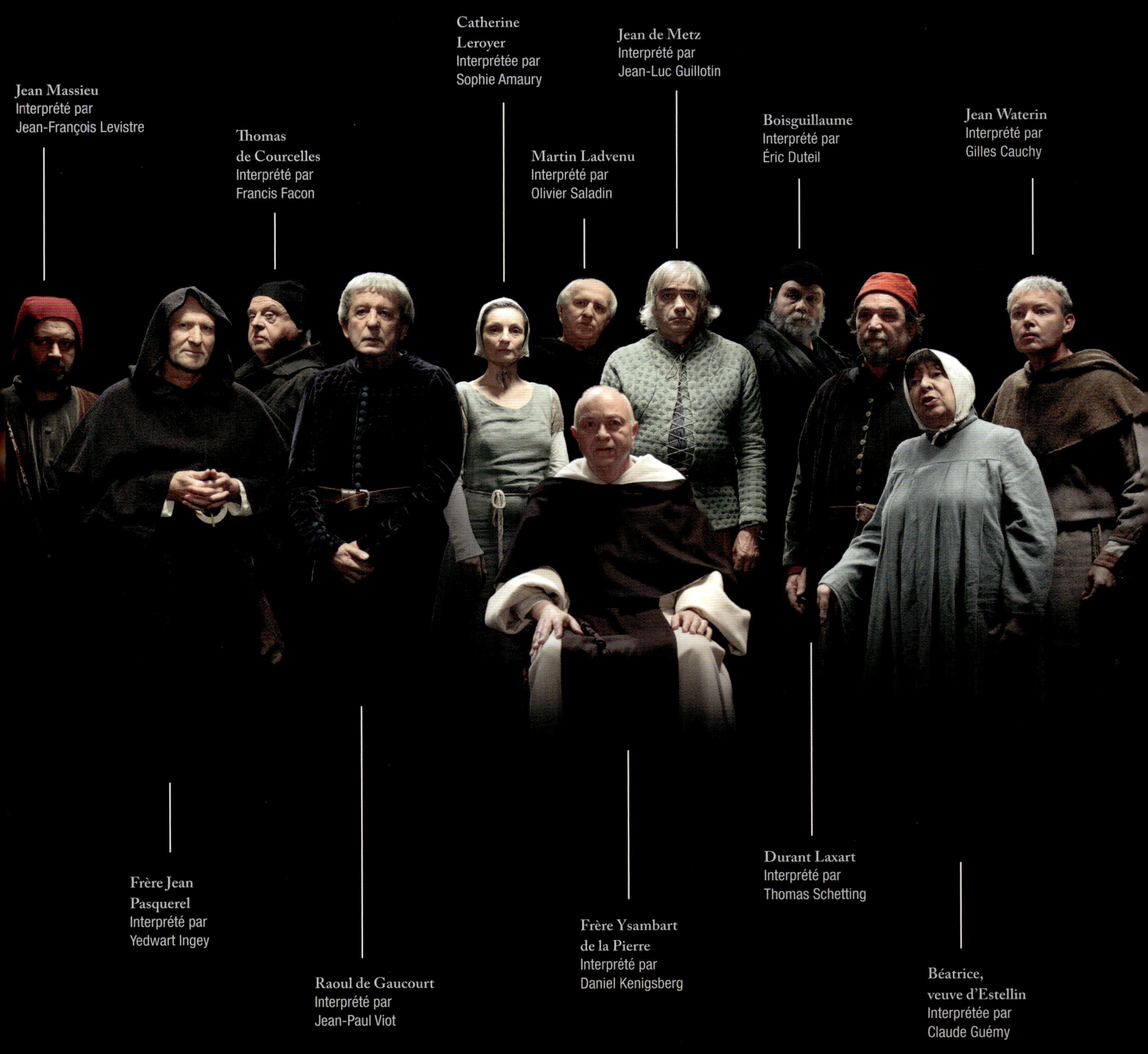
Jean Massieu
Interprété par
Jean-François Levistre
Thomas
de Courcelles
Interprété par
Francis Facon
Catherine
Leroyer
Interprétée par
Sophie Amaury
Martin Ladvenu
Interprété par
Olivier Saladin
Jean de Metz
Interprété par
Jean-Luc Guillotin
Boisguillaume
Interprété par
Éric Duteil
Jean Waterin
Interprété par
Gilles Cauchy
Frère Jean
Pasquerel
Interprété par
Yedwart Ingey
Raoul de Gaucourt
Interprété par
Jean-Paul Viot
Frère Ysambart
de la Pierre
Interprété par
Daniel Kenigsberg
Durant Laxart
Interprété par
Thomas Schetting
Béatrice,
veuve d'Estellin
Interprétée par
Claude Guémy

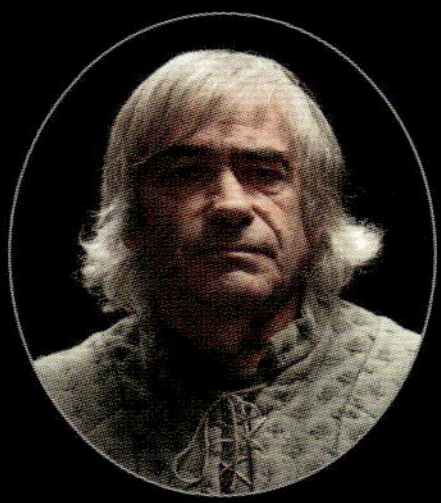

Jean de Metz
(vers 1399-ap. 1455)

De son vrai nom Jean de Nouillonpont, il combat sous les ordres de Robert de Baudricourt lorsqu'il fait la connaissance de Jeanne. Enthousiasmé par son dessein, il fait partie de l'escorte chargée de la conduire jusqu'au Dauphin Charles, à Chinon, en compagnie de Bertrand de Poulengy et du courrier royal Collet de Vienne. Après l'acceptation officielle de Jeanne par le Dauphin, il devient, comme Poulengy, écuyer de la jeune femme. Tous deux guerroient à ses côtés au moins jusqu'à La Charité-sur-Loire, durant l'hiver 1429.

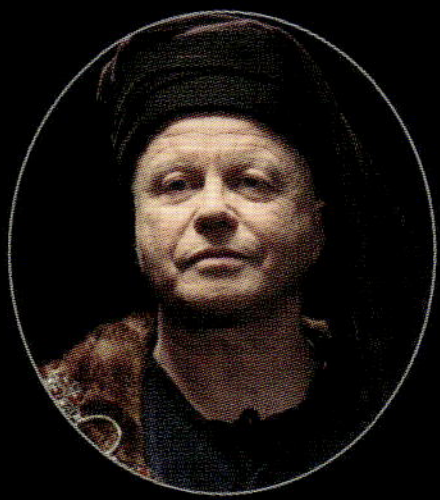

Jean d'Aulon
(1390-1458)

Seigneur de Caudeval, il est présent lors du conseil royal d'acceptation officielle de Jeanne en mars 1429. Chargé par le Dauphin d'assister la jeune femme, sans doute aussi de la surveiller et de la protéger, il l'accompagne partout en tant qu'intendant de sa maison militaire – qui compte aussi deux pages, Louis de Coutes et Raymond, et deux hérauts, Ambleville et Guyenne. Blessé en novembre 1429, lors de l'assaut de Saint-Pierre-le-Moûtier, il est capturé à Compiègne en même temps que Jeanne, le 23 mai 1430, puis libéré contre rançon.

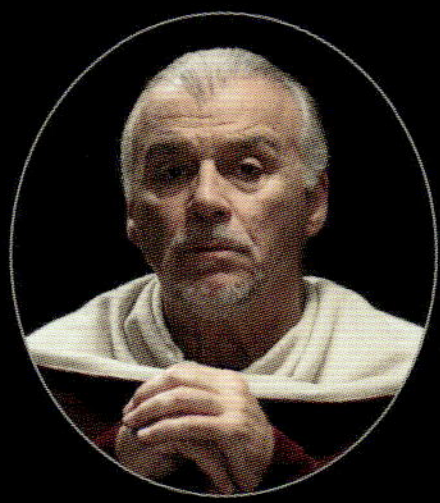

Jean Juvénal des Ursins
(1388-1473)

Aîné de seize enfants d'une famille bourgeoise originaire de Troyes dont le père connaît une formidable ascension sociale au service de la royauté française. Homme d'Église et fin juriste, il est, comme son père, avocat du roi au Parlement mais aussi auteur de plusieurs traités politiques. Il est nommé évêque de Beauvais en 1432, évêque de Laon en 1444, puis archevêque de Reims en 1449. En 1455, le pape Calixte III lui confie la mission délicate d'être l'un des trois juges du procès de réhabilitation et d'en être le maître d'œuvre.

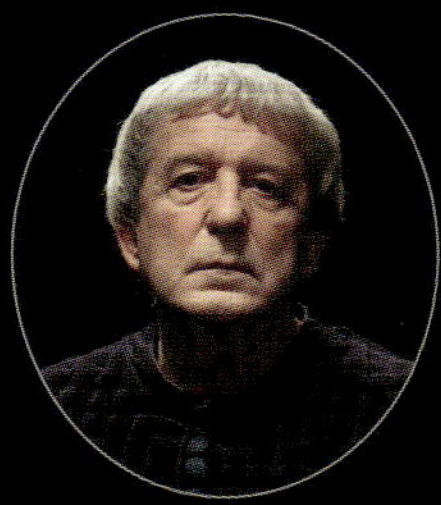

Raoul de Gaucourt
(vers 1371-1462)

Noble picard, serviteur du royaume indéfectiblement fidèle à Charles VI puis à Charles VII, il exerce de nombreuses charges et fonctions, dont celles de gouverneur du Dauphiné, entre 1428 et 1447, puis de grand maître de l'hôtel de Charles VII, de 1453 à 1461. Homme de guerre aguerri, capitaine de la cité et du château de Chinon au moment où le Dauphin Charles y reçoit Jeanne en 1429, il partage avec elle quelques grands moments historiques : siège d'Orléans, assaut de Jargeau, bataille de Patay, sacre de Reims, siège de Paris.

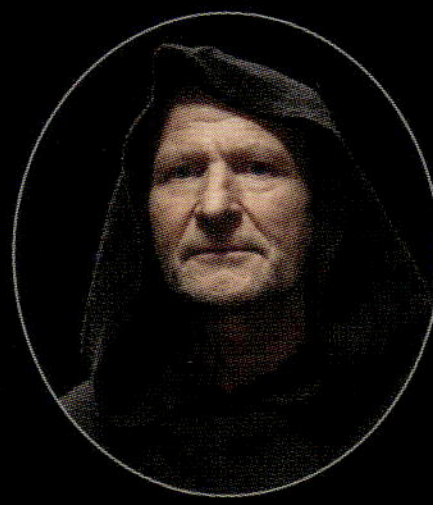

Frère Jean Pasquerel
(vers 1400-ap. 1456)

Frère de l'ordre mendiant des ermites de saint Augustin, on ne le connaît qu'à travers son unique témoignage du 4 mai 1456 lors du procès de réhabilitation. Il réside alors au couvent de Bayeux. Auparavant, il semble avoir été prieur du couvent de Chinon puis lecteur du couvent de Tours. Il aurait rencontré Jeanne lors d'un pèlerinage au Puy-Notre-Dame (à proximité de Saumur). Confesseur et directeur spirituel de Jeanne à partir d'avril 1429, il restera à ses côtés jusqu'à sa capture, à Compiègne, le 23 mai 1430.

« Nous sommes réunis ici pour rétablir la vérité. »

Avant-propos

LA SENTENCE DU PROCÈS DE CONDAMNATION

Sur la place du Vieux-Marché de Rouen, l'histoire est en marche le 30 mai 1431. Le procès intenté à Jeanne pour hérésie touche à sa fin. Pierre Cauchon, l'évêque de Beauvais, ordonnateur du procès et ami des Anglais, lit la sentence : « Toi Jeanne, vulgairement dite la Pucelle, tu est tombée en ces erreurs et ces crimes, tel le chien qui retourne à son vomissement. Nous jugeons que tu es relapse et hérétique et tel un membre pourri nous te rejetons, te retranchons, t'abandonnons à la puissance séculière. » Pendant ce temps, Jeanne prie. Elle va être livrée aux Anglais et à leur haine.

Scène 1

LA REQUÊTE EN RÉVISION DU PROCÈS DE CONDAMNATION

Nous sommes deux décennies plus tard, le 17 novembre 1455, dans le transept de Notre-Dame de Paris. Isabelle Romée formule sa requête en révision du procès de condamnation de sa fille : « [...] Son cœur aimable compatissait jour et nuit avec les terribles misères que subissait notre peuple... Des envieux et calomniateurs [...] lui imputèrent faussement et mensongèrement nombre de crimes et la condamnèrent à mourir très cruellement par le feu. » L'archevêque de Reims, Jean Juvénal des Ursins, et Guilllaume Chartier, évêque de Paris, deux des trois juges du procès en nullité de condamnation désignés par le pape Calixte III en accord avec Charles VII, ainsi que Jean Bréhal, inquisiteur de France, sont présents pour recueillir son propos.

Scène 2

LE CONTEXTE HISTORIQUE ET POLITIQUE

Près de huit mois plus tard, le 2 juillet 1456, dans la grande salle du palais archiépiscopal de Rouen, Juvénal préside le procès de réhabilitation de Jeanne qui annulera la condamnation de 1431. Il rappelle qu'il agit au nom du pape et du roi de France et revient sur la mort de Jeanne. « Avec sa mère, nombreux sont ceux qui proclament que ce premier procès fut entaché de tromperie, calomnie, erreurs de droit ; mais aussi d'extorsion d'aveux sous menace de torture et de bûcher. » Puis il revient sur l'histoire de la France avant l'arrivée de Jeanne, pays dirigé par un roi fou, Charles VI, envahi par les Anglais sous la conduite d'Henri V, meurtri par la défaite d'Azincourt en 1415... Quelques années plus tôt, le duc de Bourgogne Jean sans Peur a fait assassiner le duc Louis d'Orléans, son cousin et frère du roi, attisant le conflit entre Armagnacs et Bourguignons. En 1418, il est entré en vainqueur dans Paris et a ordonné le massacre des amis du roi. Juvénal des Ursins se souvient y avoir échappé de justesse. Après l'assassinat de Jean sans Peur en 1419, son fils Philippe le Bon s'est rallié aux Anglais. En 1420, il a signé avec Henri V et Charles VI le traité de Troyes qui remet la France entre les mains de l'héritier anglais. Dès lors, les troupes ennemies ravagent le pays ; les Français espèrent un miracle, écoutent volontiers les prophètes qui annoncent des jours meilleurs. C'est dans ce contexte qu'apparaît Jeanne en 1429. « Bien des légendes et menteries circulent sur le compte de Jeanne d'Arc, rappelle Juvénal. Nous sommes réunis ici pour rétablir la vérité et réparer si jamais injustice lui a été faite ! »

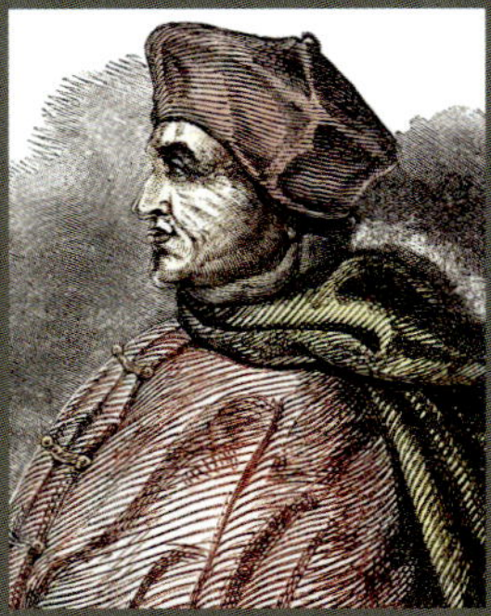

Pierre Cauchon

Né près de Reims dans une famille de notables bourgeois, il exerce rapidement des responsabilités au sein de l'université de Paris, dont il est doyen puis recteur. Évêque de Beauvais à partir de 1420, ce prélat politique, partie prenante du régime de la double monarchie, est aussi bien diplomate du duc de Bourgogne que du duc de Bedford. Il est l'un des principaux acteurs du traité de Troyes en 1420, et en 1429, il se voit chargé de négocier pour les Anglais l'achat de Jeanne aux Bourguignons, puis de mener son procès de condamnation pour hérésie, assisté du vice-inquisiteur Jean Le Maître.

Gravure (détail), XIXe siècle. Coll. privée

Durant Laxart

Habituellement mentionné comme oncle de Jeanne, il est en réalité son cousin par alliance, le gendre d'Aveline Romée, sœur d'Isabelle Romée la mère de Jeanne d'Arc. Venue aider sa cousine à accoucher à Burey, Jeanne persuade Laxart de l'accompagner à Vaucouleurs, en lui rapportant la prophétie selon laquelle le royaume, perdu par une femme, serait regagné par une vierge. Durant Laxart emmène Jeanne chez Robert de Baudricourt, capitaine de Vaucouleurs, puis commence à l'accompagner sur la route de Chinon vers le Dauphin, avec un certain Jacques Alain, avant de faire demi-tour.

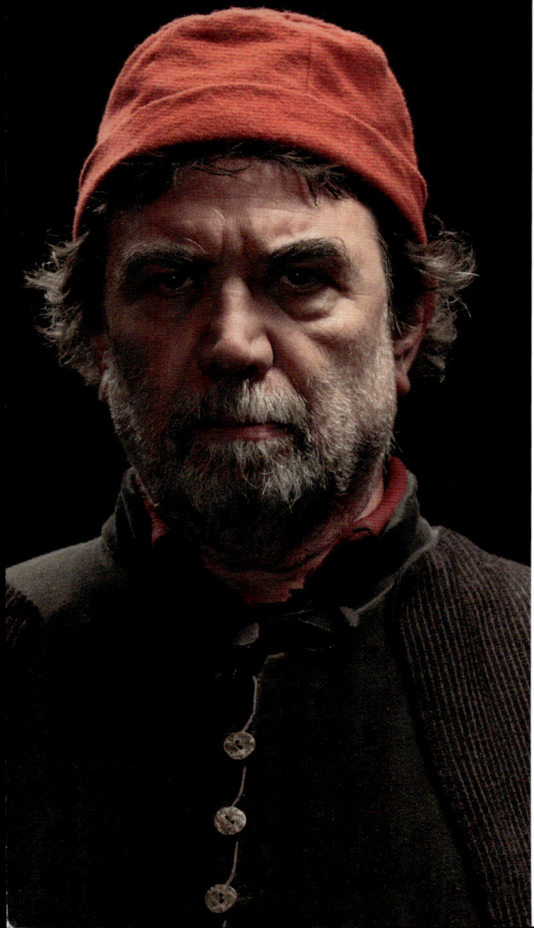

« Sa "voix" lui demandait d'aller à la rencontre du roi. »

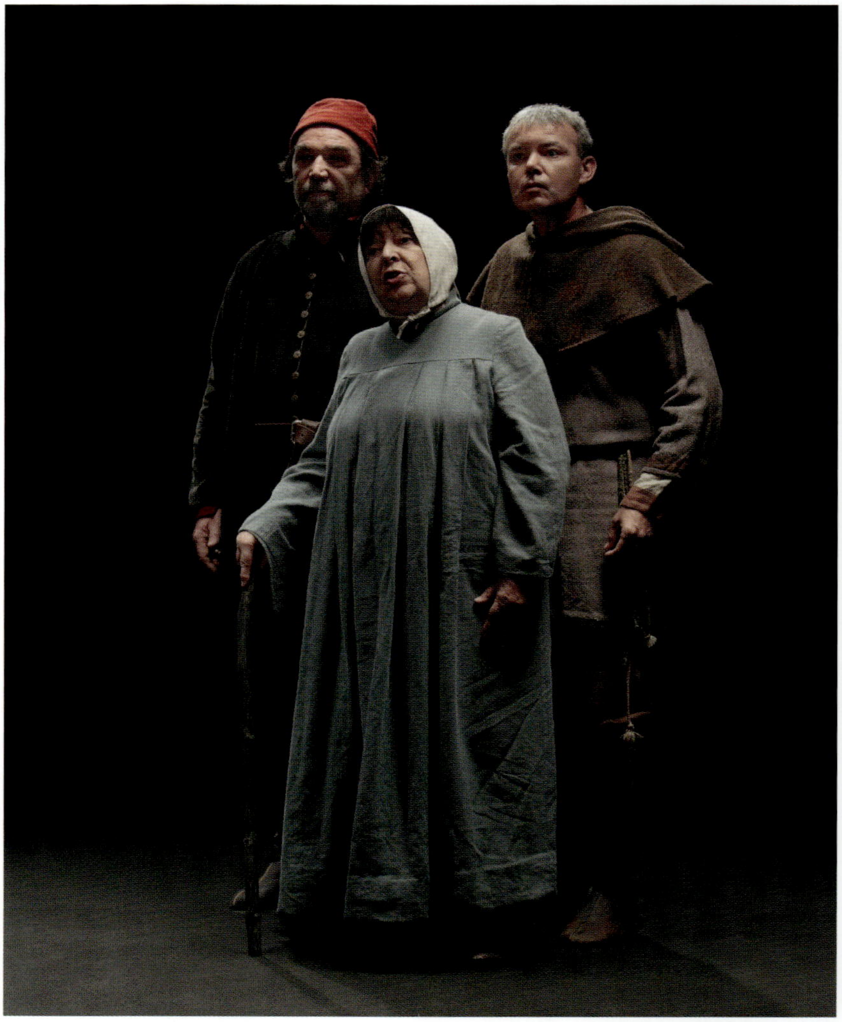

Scène 1

L'ouverture du procès de réhabilitation

Le 2 juillet 1456, dans la grande salle du palais archiépiscopal de Rouen, la tension est palpable et un lourd silence règne. Juvénal des Ursins revient sur les raisons d'être de ce procès en nullité de condamnation.

« Pierre Cauchon se vantait d'avoir mené un beau procès contre la Pucelle et d'avoir agi dans les règles de l'art... », déclare d'un air sceptique l'archevêque de Reims. Il affirme qu'il est question autant de l'honneur du roi que de celui de la Pucelle et conclut que ceux qui vont témoigner s'exprimeront sous serment et devront la vérité totale à Dieu et aux hommes.

Scènes 2 et 3

Retour sur Jeanne, une fille de la frontière

Juvénal rappelle au public que Jeanne, fille de laboureur, est née vers 1412 à Domrémy, village proche de Vaucouleurs en Lorraine. « Cette cité fut une des dernières à rester fidèle au Dauphin quand toute la région se donnait aux traîtres bourguignons. » Trois habitants de Domrémy, Béatrice, veuve d'Estellin, Jean Waterin, laboureur, Durant Laxart, lui aussi laboureur et cousin par alliance de Jeanne, sont appelés. Juvénal les interroge : « Dès l'enfance, Jeanne semblait-elle attirée par la superstition et la sorcellerie ? » Les témoins, qui l'ont connue dans sa jeunesse, sont formels : « Pure maldisance ! Elle visitait plutôt églises et lieux saints. » Ils affirment qu'il n'y avait pas meilleure qu'elle. Il est vrai, ajoutent-ils, qu'elle aura désobéi une fois à ses parents pour se rendre chez sa cousine. Mais souvent « pendant que les autres jouaient ensemble, elle se mettait à part et parlait à Dieu ».

Juvénal revient aux minutes du procès où la jeune femme évoque les « voix », entendues près du lieu-dit « Arbre aux fées », qu'elle attribua à sainte Catherine et sainte Marguerite. Cet arbre aux fées, autour duquel les jeunes gens dansent, n'obéit à aucun pouvoir maléfique… c'est un bel hêtre, rien de plus. « Les fées ? Jamais vues », précise Béatrice, veuve d'Estellin.

Scène 4

Jeanne à Vaucouleurs

Juvénal se tourne vers Durant Laxart : « Jeanne déclarait que c'était sa "voix" qui lui demandait d'aller à la rencontre du roi à Chinon, et qu'elle lui avait aussi dit de n'en souffler mot à son père… » « Ça je sais pas… Ce que je sais, c'est qu'elle n'en démordait pas. Elle m'a imploré de l'amener à Vaucouleurs [pour] demander à messire Robert de Baudricourt de la faire conduire [auprès] du Dauphin. » Juvénal interroge Catherine Leroyer, femme de charron, qui se souvient que Jeanne a patienté trois semaines avant d'être reçue par Robert de Baudricourt, seulement après que le duc de Lorraine se soit intéressé à elle. Jean de Metz, de la maison Baudricourt et futur écuyer de la Pucelle, raconte alors l'épisode des habits : « C'est simple, avant de partir, Jeanne voulut prendre des habits d'homme. Pourquoi s'en offusquer ? Si cinq hommes avaient promené une pauvre paysanne sur les routes, ç'aurait eu tout l'air d'un enlèvement. Les habits d'homme, c'était comme qui dirait… plus discret. »

Scène 5

Le trajet de Jeanne vers Chinon

« En cette année 1429, poursuit Juvénal, il n'y a plus de temps à perdre. La France est cul par-dessus tête, Paris aux mains de la Bourgogne alliée des Anglais et le traité de Troyes prétend déshériter le roi ! Mais les deux camps sont épuisés par la guerre et le sort des armes est incertain. Les Anglais assiègent Orléans depuis des mois. »

Jeanne chevauche vers Chinon onze jours durant. Jean de Metz raconte que le petit groupe qu'ils formaient vivait ensemble, dormait ensemble… Et devant l'air soupçonneux de l'archevêque, il s'exclame : « Jamais vous m'entendez, je n'aurais osé… la solliciter… Aucun d'entre nous… Sous serment je déclare n'avoir jamais eu de désir ni de mouvement charnel vers la Pucelle. » Il confirme qu'avec ses quelques compagnons, ils la conduisirent jusqu'au roi, à Chinon, le plus secrètement possible.

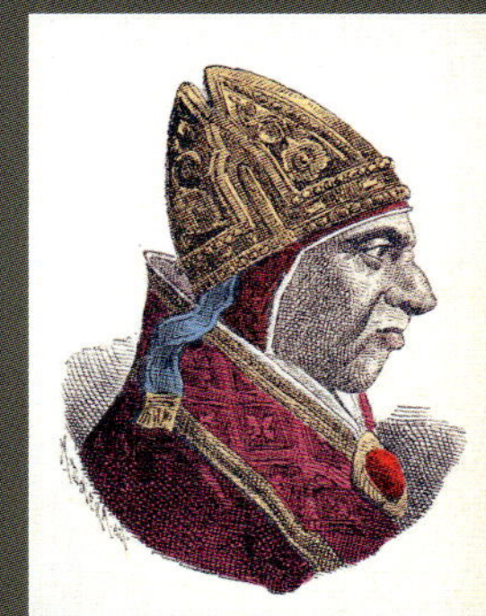

Bulle du pape Calixte III du 11 juin 1455

Rescrit pontifical en réponse à la supplique adressée au pape par la famille de Jeanne pour demander l'annulation de sa condamnation et le rétablissement de son honneur. Ce document officiel marque l'ouverture du procès en nullité de condamnation du jugement de 1431. Le pape y désigne nommément trois juges, l'archevêque de Reims, Jean Juvénal des Ursins, l'évêque de Paris, Guillaume Chartier, et l'évêque de Coutances, Richard Olivier de Longueuil, priés de s'adjoindre un délégué pour l'hérésie dans le royaume de France : Jean Bréhal.

Gravure tirée de *La storia dei papi del card. Hergenrother*, 1898
Coll. privée © Costa/Leemage

Frère Seguin

Dominicain, professeur et docteur en théologie, Guillaume Seguin, appelé aussi Seguin de Seguin, a été doyen de l'université de Poitiers. Il fait partie du groupe d'ecclésiastiques qui a interrogé Jeanne à Poitiers en mars 1429, après sa rencontre avec le Dauphin à Chinon. Il compte aussi parmi les témoins du procès de réhabilitation de 1456. Dans sa déposition, il mentionne la désormais célèbre allégation de Jeanne selon laquelle « les gens d'armes batailleront et Dieu leur donnera la victoire », et revient sur les quatre événements futurs qu'elle aurait annoncés : la délivrance d'Orléans, le sacre de Charles VII à Reims, la soumission de Paris à celui-ci ainsi que le retour d'Angleterre du duc d'Orléans.

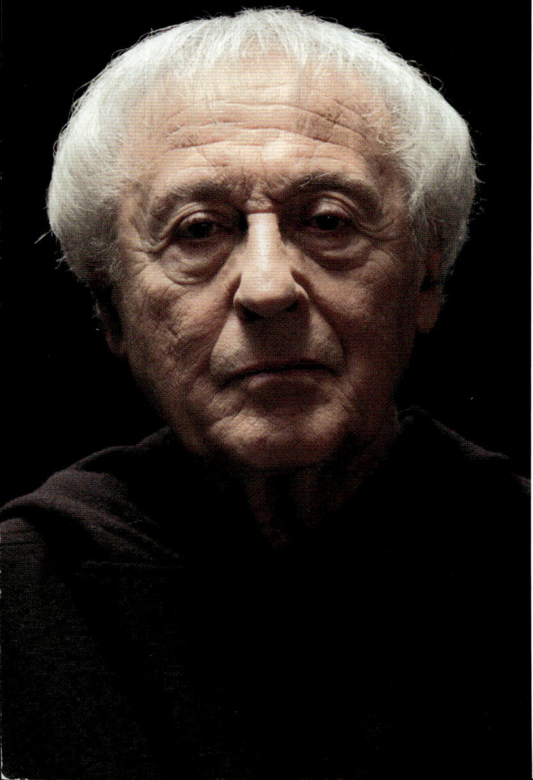

« Les démons n'avaient jamais forniqué avec elle. »

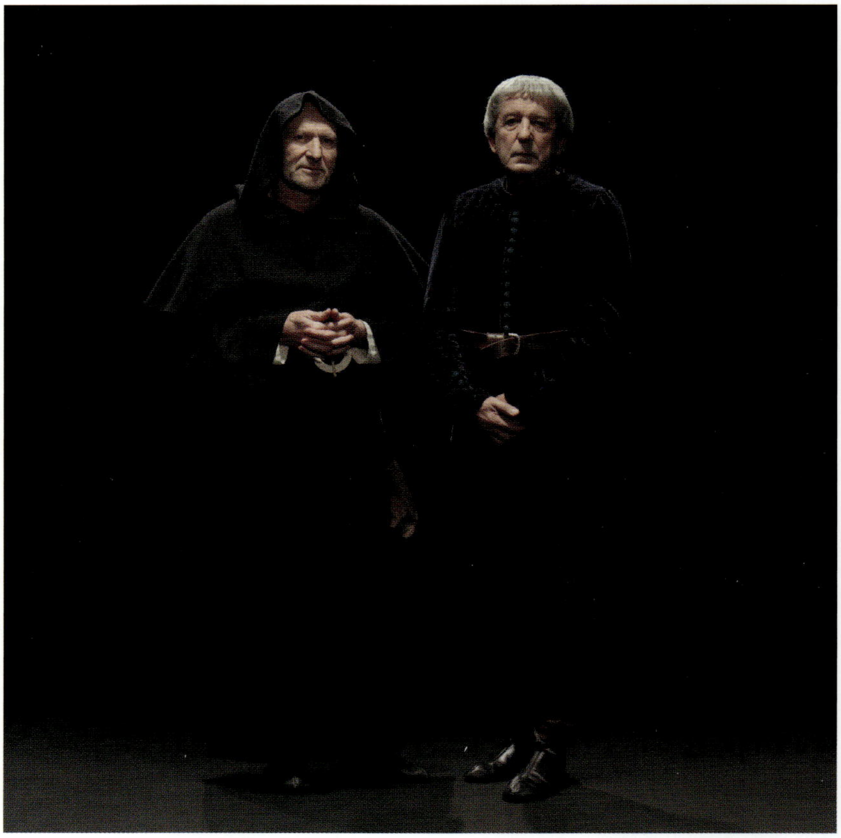

Scène 1

La rencontre de Chinon

Juvénal demande aux témoins que lui soit rapporté l'entretien du Dauphin avec la Pucelle. Raoul de Gaucourt, commandant la garnison d'Orléans mais présent à Chinon, se souvient avoir été choqué par les vêtements d'homme portés par Jeanne. Il ajoute que le roi se méfiait mais, en apprenant qu'elle était porteuse d'une lettre de Robert de Baudricourt, il lui donna audience. N'ayant plus rien à perdre, que lui coûtait-il de recevoir une paysanne proclamant porter l'espoir ?

Frère Jean Pasquerel, confesseur de Jeanne, est à son tour interrogé par Juvénal. Il sort de sa poche un parchemin froissé sur lequel il a noté les paroles apocryphes de Jeanne. « Le roi lui demanda son nom. Elle répondit : "Gentil Dauphin, j'ay nom Jehanne la Pucelle ; et le Roy des cieux vous mande par moi que vous serez sacré et couronné dans la ville de Reims, et vous serez le lieutenant du Roy des cieux, qui est roi de la France". »

Raoul de Gaucourt confirme que le roi et la Pucelle se sont longuement parlés en aparté : « Ce n'est que plus tard que Sa Majesté nous dit que Jeanne lui avait dit des secrets que seul Dieu pouvait savoir. » Toujours prudent, le roi l'envoya devant une commission de conseillers et de théologiens à Poitiers.

Scène 2

Les examens de Poitiers

Dans la grande salle du palais archiépiscopal, Juvénal des Ursins continue d'interroger les témoins au sujet des examens de Poitiers, qui suivirent l'entrevue entre Jeanne et le Dauphin Charles.

Frère Seguin, professeur de théologie, présent à Poitiers, se rappelle. Quand Guillaume Aymeric, un des membres de la commission, lui demande « pourquoi Dieu, en sa toute puissance, aurait besoin d'hommes d'armes pour délivrer la France », Jeanne répondit sans hésiter : « Les gens d'armes batailleront et Dieu leur donnera la victoire. » À cette assistance de théologiens de grands âge et expérience qui lui affirmait qu'il fallait de vrais signes venant de Dieu, elle répliqua : « Je ne suis pas venue à Poitiers pour faire des signes. Mais menez-moi à Orléans et je vous montrerai les signes prouvant pour quoi je suis envoyée. » La Pucelle leur énuméra ensuite les événements à venir, à savoir que les Anglais seraient chassés d'Orléans, le roi sacré à Reims et la ville de Paris libérée.

Jean Barbin, docteur de la Loi et avocat du roi, témoigne à son tour. Il fait allusion à une prophétie de l'époque, selon laquelle une vierge viendrait délivrer le royaume. Il poursuit : « Jamais je n'entendis articuler sur son compte rien de suspect, toujours je l'ai entendue réputée femme vertueuse et catholique. »

On en vient à évoquer la délicate question de sa virginité. Jeanne fut confiée à la belle-mère du roi, Yolande d'Aragon, pour examen, lequel confirma « que les démons n'avaient jamais forniqué avec elle », selon frère Seguin. Interrogé, le conseiller du roi Jean d'Aulon conclut qu'après délibération, le roi « décida qu'elle serait envoyée avec le convoi qui allait tenter de ravitailler la cité d'Orléans ».

Scène 3

La prise d'armes de Jeanne

Juvénal des Ursins interroge cette fois les témoins sur la manière et le contexte dans lesquels Jeanne prend les armes.

Jean de Metz, l'écuyer de Jeanne, se souvient : « Le roi l'envoya d'abord à Tours et lui composa toute une maison militaire, dont je faisais partie, et dont messire Jean d'Aulon fut désigné comme chef. Le roi fit acheter des armures complètes pour la Pucelle, pour moi et pour Bertrand de Poulengy. Il lui fit également faire un étendard, sur lequel figurait le Christ montrant ses plaies. »

Jean d'Aulon précise que « le roi avait une grande confiance en elle. Il fit d'ailleurs annoncer partout sa venue en diffusant les résultats des examens de Poitiers, et aussi les prophéties qui couraient sur son compte ». En particulier, selon Jean de Metz, celle qui disait qu'« une Vierge venue de la forêt de chênes chevauchera contre le dos des archers et [qu'] elle tiendra secrète la fleur de sa virginité. Elle chassera les ennemis du royaume ». Jean d'Aulon reprend la parole : « Jeanne dit aussi au roi qu'elle durerait un an, et non beaucoup plus… Elle ajouta : "Il faut penser à bien travailler pendant cette année-là…" »

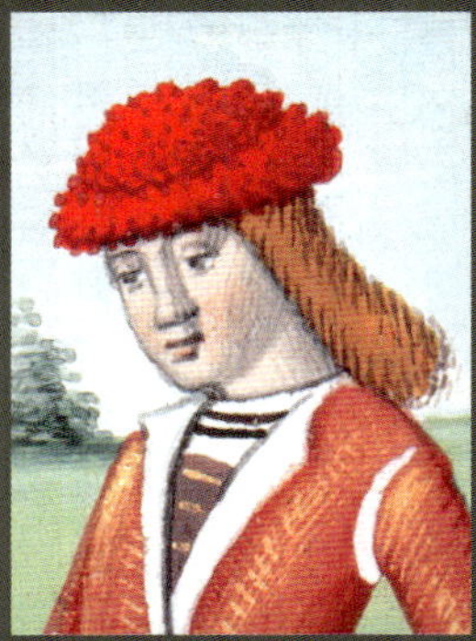

Bertrand de Poulengy

Personnage dont on sait très peu de choses outre qu'il appartient à une famille anoblie en 1425. Dans son témoignage du 3 février 1456, à Toul, il prétend avoir connu le père de Jeanne à Domrémy dès 1417. Néanmoins, il ne rencontre véritablement Jeanne que lors de son premier séjour à Vaucouleurs. Il semble s'être engagé à ses côtés en tant qu'écuyer, en même temps que Jean de Metz. Tous deux lui ont fourni un équipement pour le voyage à Chinon, après sa visite au duc de Lorraine. Comme l'attestent ses témoignages, il est très admiratif de la Pucelle, de sa foi et de son action. Il lui reste fidèle sans que l'on sache à quel moment leurs chemins se sont séparés, aucune source ne permettant plus de savoir s'il se trouve avec elle lors de son arrestation à Compiègne.

Miniature du manuscrit *Vigiles du roi Charles VII* par Martial de Paris, dit d'Auvergne (détail), vers 1484
Coll. BnF, Paris © Photo Josse/Leemage

Jean Beaupère

Ecclésiastique originaire du diocèse de Nevers, il est formé à la prestigieuse université de Paris, où il a ensuite enseigné. Chanoine de Notre-Dame de Paris à partir de 1420, il est ambassadeur auprès du régent d'Angleterre, Humphrey de Lancastre, duc de Gloucester, en 1422. En 1424, il est chanoine des cathédrales de Sens et de Beauvais, puis de celle de Rouen à partir de 1430. Il fait partie des juges du procès de condamnation de Jeanne, comme l'atteste une source du 13 février 1431 dans laquelle il prête serment de bien exercer son office de juge. Il interroge Jeanne personnellement les 22, 24 et 27 février. Pour le procès de réhabilitation, son témoignage plus que réservé est recueilli le 5 mars 1450 à Rouen par Guillaume Bouillé.

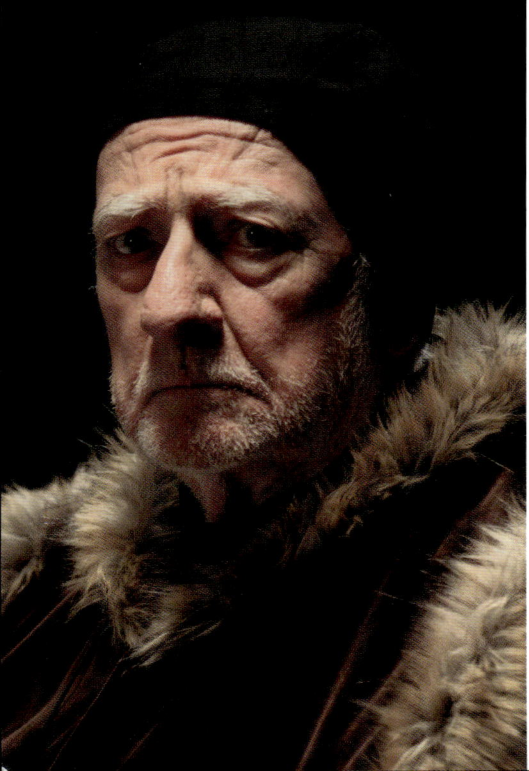

« L'évêque rachète la Pucelle aux Bourguignons pour dix mille livres. »

Scène 1

La lettre aux Anglais

L'interrogatoire que Juvénal des Ursins mène dans la grande salle du palais archiépiscopal de Rouen, ce 2 juillet 1456, continue. Le juge s'apprête à évoquer une célèbre lettre que Jeanne aurait adressée aux Anglais.

Jean d'Aulon lit la lettre : « Jésus Maria, roy d'Angleterre, et vous, duc de Bedford, qui vous dites régent le royaume de France ; rendez à la Pucelle envoyée de par Dieu les clefs de toutes les bonnes villes que vous avez prises et violées en France. Dieu, le Roy du ciel, veut que le roi Charles en soit le vrai héritier ; lequel entrera à Paris avec une escorte royale. Et donnez nous réponse si vous voulez faire paix en la cité d'Orléans… » Jean Beaupère, docteur en théologie et chanoine de Rouen, se lève, en colère : « Vous ne dites pas tout ! Écoutez ce que dit aussi cette lettre : "Je suis le chef de guerre et en quelque lieu que je trouverai vos gens je les délogerai, et si ne veuillent obéir, je les ferai tous occire. » Il termine : « Menace-t-on quelqu'un de mort au nom de Dieu ? »

Juvénal, ulcéré, rappelle que plusieurs versions de cette lettre ont circulé. Et demande que soit maintenant évoquée la conduite de Jeanne à Orléans.

Scène 2

La bataille d'Orléans

« Souvenez-vous, déclare Juvénal, les Anglais assiègent la ville depuis huit mois. Ils la bloquent avec une dizaine de solides bastilles tenues par au moins quatre mille soldats anglais et bourguignons… En face, la population se défend presque seule, aidée par quelques compagnies de soldats français et écossais. Affamée, bombardée, Orléans résiste grâce à ses puissantes murailles et une solide artillerie. Mais elle est proche de succomber si elle n'est ravitaillée en hommes et en vivres… »

À ce moment-là, Jeanne rencontre, de l'autre côté du fleuve, Jean, comte de Dunois, commandant de la ville assiégée. Il évoque ses souvenirs : « Elle brûlait de combattre… Elle avait ce… caractère. Or, nous étions paralysés. Les bateaux, qui étaient venus chercher le ravitaillement, étaient bloqués par un vent contraire. Au moment où elle parla, comme par miracle le vent tourna ! Les voiles se gonflèrent et nous pûmes, avec quelques hommes, entrer dans Orléans à la barbe des Anglais. »

Dunois, grand capitaine, fut envahi d'une confiance immédiate en Jeanne et la supplia de bien vouloir entrer dans la ville à ses côtés ! Le peuple l'acclama… et les combats décisifs s'engagèrent. Jeanne fonça droit vers la porte de Bourgogne. Une par une les bastilles anglaises tombèrent face un ennemi galvanisé par la jeune Lorraine. Elle traversa le fleuve avec quelques hommes et attaqua la bastille du pont d'Orléans encore tenue solidement, fut blessée d'une flèche entre le cou et l'épaule mais n'abandonna pas la bataille. Elle exhorta les hommes à résister malgré leur épuisement. Elle s'éloigna pour prier puis revint munie de son étendard. À sa vue, les soldats reprirent courage et prirent le pont d'assaut. Découragés, les Anglais levèrent le siège et s'en allèrent, déconfits…

Scène 3

Le sacre de Reims

Juvénal demande maintenant aux anciens compagnons d'armes de Jeanne de narrer le sacre de Charles VII à Reims. Orléans débarrassée des Anglais, la prochaine étape était Reims. Dunois accompagna Jeanne chez le roi, à qui elle tint ces mots : « Noble Dauphin, ne tenez plus davantage de délibérations ; venez au plus tôt à Reims pour prendre une digne couronne. »

En dépit du parcours en terre bourguignonne, les chefs de guerre virent la route dégagée après l'anéantissement des armées anglaises de Talbot et Fastolf à Patay, et la chute de la place de Troyes, verrou de Reims. Le 17 juillet 1429, Charles VII fut sacré roi de France dans la cathédrale Notre-Dame. La deuxième prophétie de la Pucelle était accomplie.

Scène 4

Les défaites et les déceptions après le sacre de Reims

Jeanne poursuivit ensuite son troisième objectif : prendre Paris. Mais le roi tergiversa. Il négociait secrètement une trêve avec les Bourguignons… Pendant ce temps, les Anglais en profitèrent pour renforcer les défenses de la capitale. Le maréchal Gilles de Rais et Raoul de Gaucourt accompagnèrent Jeanne pour donner l'assaut. Celle-ci fut blessée à la cuisse et le roi ordonna la retraite. « C'était comme si les voix s'étaient tues… » constate frère Jean Pasquerel.

Au printemps 1430, les Anglo-bourguignons passèrent à leur tour à l'offensive. Surpris, le roi fit face sur tous les fronts… Il envoya Jeanne avec environ quatre cents hommes soutenir Compiègne. Là, elle fut mise à bas de son cheval et capturée le 23 mai, puis enfermée près de Saint-Quentin sous le contrôle de Jean de Luxembourg, vassal de Philippe le Bon. L'université de Paris, soumise aux Anglais, la réclama pour la juger en procès de foi. « C'est donc là, précise Juvénal, qu'intervient le funeste Pierre Cauchon, évêque de Beauvais par la grâce du duc de Bourgogne ! » Jean Pasquerel lui répond : « C'est cela… Mandaté par les Anglais, l'évêque rachète la Pucelle aux Bourguignons pour dix mille livres et la fait transférer au château de Rouen, non loin d'ici, la veille de Noël 1430. »

Juvénal des Ursins se tourne alors vers le public : « Après avoir écouté tous ces témoins et mis à jour tous ces documents, il est temps d'entamer la révision scrupuleuse de ce fameux procès en hérésie fait à Jeanne, dite la Pucelle. »

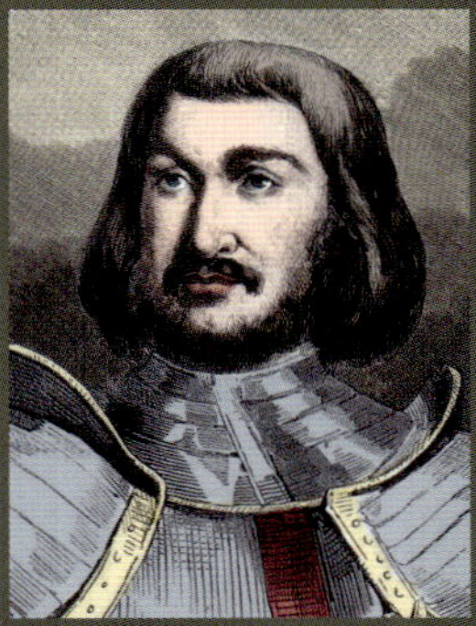

Gilles de Rais

Gilles de Laval, seigneur de Rais, se distingue tôt par sa hardiesse. Jeune, il participe à la libération du duc de Bretagne, Jean V, puis enlève Catherine de Thouars qu'il épouse contre la volonté de sa famille. Il rencontre Jeanne à Chinon, l'accompagne à Orléans puis bataille à ses côtés. Il est nommé maréchal de France à l'issue de la cérémonie du sacre de Charles VII à Reims. En 1435, il se retire sur ses terres où il sera jugé cinq ans plus tard pour sa moralité plus que douteuse ainsi que la profanation d'une église. Comme Jeanne, il sera condamné puis exécuté par un évêque et un inquisiteur.

Gravure tirée du *Livre rouge. Histoire de l'échafaud en France* par Dupray de La Maherie (détail), 1863
Coll. privée © Bianchetti/Leemage

Ysambart de la Pierre

Dominicain, bachelier en théologie, il est l'un des deux frères prêcheurs, avec Martin Ladvenu, commis par l'évêque Cauchon et l'inquisiteur Jean Le Maître, pour instruire et conseiller Jeanne lors de son procès de condamnation. À en croire *l'instrumentum*, le 12 mai 1431, il se prononce contre la torture et pour une admonition à se soumettre à l'Église militante ; le 22 mai, il estime Jeanne hérétique tout en souhaitant une nouvelle admonition ; et, le 29 mai, il la juge hérétique. Ses témoignages dans le cadre du procès de réhabilitation, entre 1450 et 1452, montrent néanmoins qu'il aurait conseillé à Jeanne l'obéissance et lui aurait suggéré de se soumettre au concile de Bâle .

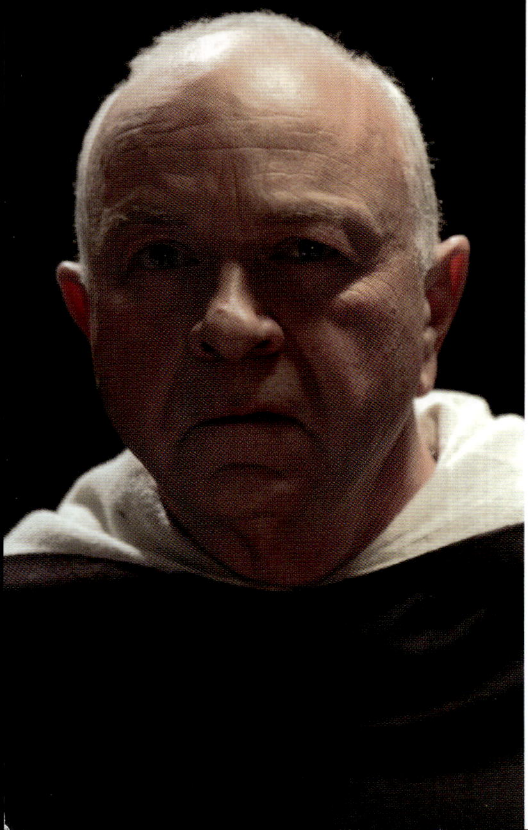

« En abjurant, Jeanne sauvait sa tête, provoquant la colère des Anglais. »

Scène 1

LE PROCÈS DU PROCÈS : LA CONVOCATION DES PROTAGONISTES DU PROCÈS DE CONDAMNATION DE 1431

Le 2 juillet 1456, au palais archiépiscopal de Rouen, Juvénal des Ursins invite les anciens juges et accusateurs du procès de 1431 à se présenter. Puis il retrace les circonstances du procès : « Il y a vingt-cinq années, ici même à Rouen, Jeanne dite la Pucelle fut accusée de sorcellerie, hérésie et relapse avant de connaître la main fatale du bourreau. Or, c'est une cour de Français qui la condamna. Une cour d'inquisition où siégeaient seulement érudits et évêques de l'Église de France… Notre Église ! »

Ils sont huit témoins, prêtres, notaires, chanoines, théologiens, à défiler à l'appel de leur nom. Devant ceux qui ont interrogé et condamné la Pucelle, Juvénal s'étonne d'une telle peine alors qu'il n'a entendu jusqu'à présent que des louanges à son sujet. Il veut comprendre comment ce tribunal a pu justifier pareille sentence.

Peu à peu, il apparaît à Juvénal que les réponses de Jeanne aux questions multiples que lui posait ce tribunal étaient dictées par la peur, peur de cette assemblée d'hommes qui lui étaient hostiles, tous aux ordres de leur maître anglais. Ils n'étaient là que pour faire trébucher une jeune femme de dix-neuf ans aux connaissances théologiques embryonnaires. Néanmoins, elle répondit parfois adroitement, laissant perplexes ces docteurs de l'Église. Le notaire Guillaume Manchon la croit inspirée : « La Pucelle répondait parfois assez savamment, et parfois avec assez de simplicité. Mais comment aurait-elle pu se défendre contre tant d'imposants docteurs qui la harcelaient sans cesse, si elle n'avait été inspirée. »

Juvénal s'échauffe face à ces religieux qui cherchent tous à se justifier. Il veut connaître leur positionnement personnel, leur attitude pendant le procès. Deux clans se forment : ceux qui admettent avoir suivi l'évêque Cauchon, alors aux ordres du duc de Bedford, régent du royaume et installé dans la ville, et ceux qui, offusqués, refusent d'admettre avoir jugé selon le bon vouloir des Anglais. Face à l'hostilité du public qui assiste au nouveau procès, l'embarras des témoins, anciens accusateurs, est nettement palpable.

Scène 2

RETOUR SUR L'ABJURATION DE JEANNE

Juvénal en arrive à la sentence. Il exige de maître Jean Beaupère, qui a participé à sa rédaction, de la lire. Ce dernier s'exécute avec réticence : « Nous avons dit et décrété que tu as été menteuse en simulant tes révélations et apparitions, pernicieuse, séductrice, présomptueuse, trop crédule, téméraire, superstitieuse, devineresse, blasphématrice envers Dieu, les saints et les saintes, contemptrice de Dieu en ses sacrements, prévaricatrice de la doctrine sacrée et des sanctions ecclésiastiques, séditieuse, cruelle, apostate, schismatique, errant beaucoup en notre foi. »

Juvénal évoque l'abjuration qu'on a exigée de Jeanne et qui la conduira au bûcher. Il interpelle Jean Massieu, prêtre et huissier, sur les moyens employés pour y parvenir. « On la mena au cimetière de Saint-Ouen, où l'on avait dressé un échafaud. Devant le public, on lui présenta une lettre où elle confessait d'avoir menti à propos de ses voix et apparitions, blasphémé, séduit... En la signant, elle jurait de renoncer à ses apparitions, à ses armes, à ses habits d'homme et à ses cheveux courts. Surtout, elle se soumettait corps et âme à l'Église », explique l'homme très mal à l'aise.

Scène 3

Retour sur Jeanne relapse

Juvenal rappelle qu'en abjurant, Jeanne sauvait malgré tout sa tête, provoquant la colère des Anglais. Revêtue d'habits de femme, elle fut emprisonnée au château de Rouen et gardée par des soldats anglais... Quelques jours plus tard, les juges furent appelés au château : crime impardonnable, la Pucelle avait repris ses habits d'homme pour échapper, disait-elle, aux agressions des soldats anglais. « Elle avoua n'avoir abjuré que par peur du feu, témoigne le frère prêcheur Ysambart de la Pierre. Et elle déclara qu'elle préférait mourir que d'endurer plus longtemps cette prison... Les Anglais se réjouissaient... J'entendis même l'évêque Cauchon leur dire "Soyez satisfaits, c'en est fait d'elle !"» Le 29 mai 1431, à l'unanimité, les juges la déclaraient relapse et la remettaient à la justice séculière. En prononçant ce jugement, ils savaient parfaitement qu'ils la condamnaient à l'excommunication, suivie du bûcher.

Scène 4

Retour sur la mort de Jeanne

Juvénal interroge encore : « La Pucelle condamnée, elle fut exécutée dans l'heure qui suivit, sans jugement civil... Pourquoi tant de précipitation, je vous le demande ? » Il n'obtient pour toute réponse qu'un lourd silence.

Les membres de l'assemblée se jaugent et c'est Boisguillaume, prêtre et notaire, qui se lance : « Après la proclamation de la sentence, elle fut aussitôt prise par les laïcs et conduite, sur une charrette, d'ici jusqu'au bûcher qui avait été dressé place du Vieux-Marché. Elle était de nouveau en habits de femme... » Tous les témoins attestent sa foi, ses invocations à Jésus, l'émotion qui s'est emparée de la foule, immense. Frère Ysambert de la Pierre confirme : «Tous les présents furent frappés par une mort si pieuse, même le cardinal d'Angleterre. Jeanne me supplia humblement d'aller à l'église voisine et de lui apporter la croix, et je la tins dressée devant ses yeux...» Les juges et ceux qui participèrent au procès encoururent la grande réprobation du peuple qui les montraient avec horreur.

Boisguillaume

Guillaume Colles, dit Boisguillaume, est notaire de l'Officialité de Rouen et prêtre. En 1431, Pierre Cauchon le nomme, en même temps que Guillaume Manchon, greffier du procès de condamnation. Il semble avoir été plus effacé que Manchon comme l'atteste son témoignage, tout en retenue et moins détaillé. Très favorable à Jeanne lors du procès de réhabilitation de 1456, il affirme que tous les responsables de sa condamnation ont péri de mort honteuse.

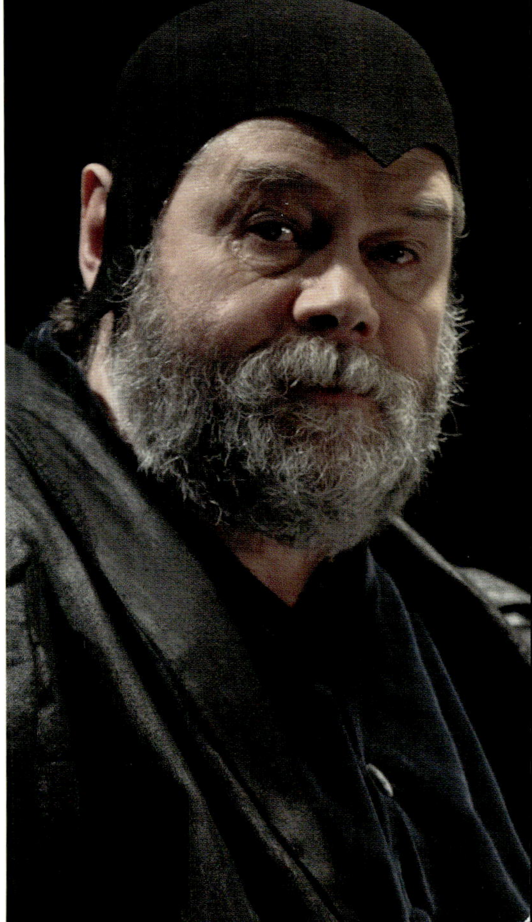

Petit comble - Acte 6

« Lesdites sentences sont manifestement entachées de tromperie et calomnie. »

« L'aventure extraordinaire de Jeanne n'aura duré que deux ans, comme elle l'avait elle-même prophétisé. Mais c'est loin d'être la seule de ses prédictions à s'être réalisée... »

JUVÉNAL

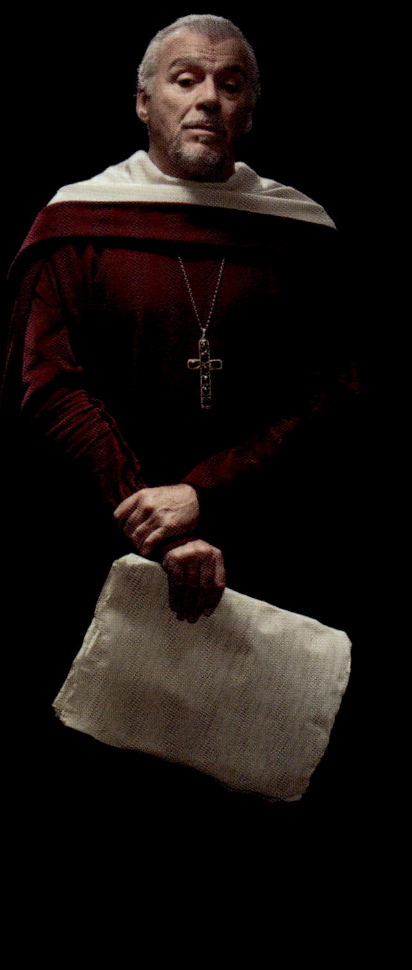

Dernier jour du procès

La grande salle du palais archiépiscopal de Rouen est comble. Entouré de Jean Bréhal, inquisiteur de France, et des deux autres juges, Guillaume Chartier et Richard Olivier de Longueuil, Juvénal des Ursins énonce la sentence.

« Ce 7 juillet de l'an 1456, ici-même en ce palais archiépiscopal de Rouen, moi Jean Juvénal des Ursins, archevêque de Reims, assisté par mes pairs et clercs, sommes réunis de par la volonté de Sa Sainteté le pape Calixte III et de Sa Majesté Charles VII, roi de France, pour juger de la validité des sentences d'hérésie et de relapse délivrées, il y a vingt-cinq années, envers Jeanne d'Arc, dite la Pucelle. Après avoir examiné chaque pièce dudit procès, entendu témoins et acteurs de la vie et des actes de Jeanne... Attendu que la conscience des juges et consultants a pu être trompée par la perversion de la vérité et même l'utilisation du mensonge en plusieurs points essentiels. Attendu qu'ont été dûment ajoutées plusieurs circonstances aggravantes, non contenues dans le procès et les déclarations de l'accusée, et par contre retranchées certaines circonstances atténuantes et justifications, et enfin que les mots ont été altérés pour en modifier le sens, et la Pucelle calomniée au-delà de toute décence. Déclarons solennellement nul et invalide ce premier jugement de 1431... et par cette sentence définitive, nous décrétons que le susdit procès et lesdites sentences sont manifestement entachées de tromperie et calomnie, iniquité et inconséquence, d'erreurs de droit et de fait. »

Juvénal déchire les pages du premier procès.

« L'aventure extraordinaire de Jeanne n'aura duré que deux ans, comme elle l'avait elle-même prophétisé. Mais c'est loin d'être la seule de ses prédictions à s'être réalisée. Après sa mort, les Anglais purent croire un temps que l'avenir serait leur. Ils firent même sacrer roi de France, en la cathédrale Notre-Dame de Paris, Henri VI, leur propre roi de dix ans. Ce n'était qu'illusion... En 1435, Bourguignons et Français signent à Arras la "bonne paix ferme" tant espérée par Jeanne. L'année suivante, les armées réconciliées de Philippe de Bourgogne et Charles VII reprennent Paris aux Anglais qui se réfugient à Rouen. Après une trêve de quelques années, Charles VII reprend l'offensive en Normandie à la tête d'une puissante armée. Les Rouennais en profitent pour se révolter contre l'occupation anglaise et, le 10 novembre 1449, la ville est enfin libérée. Victorieux, Charles VII peut relancer une enquête sur la sentence d'hérésie condamnant Jeanne. Impossible de laisser peser une telle flétrissure sur celle qui l'avait fait roi, sans que cela ne salisse dans le même temps son propre règne. Néanmoins, il faudra six longues années d'instruction et de tractation avec le pape pour arriver au procès dont vous avez été témoins. »

L'histoire ne s'arrête pas là car, au cours des siècles, Jeanne d'Arc a pris dimension de mythe national. Et comme tout mythe qui fonde une nation, grande est la tentation de le réécrire, de l'instrumentaliser, de se l'approprier... Mais personne ne peut s'accaparer Jeanne d'Arc... Elle incarne pour tous les valeurs de combat pour la justice, pour la liberté, et même pour ses idées. C'est ainsi que la mémoire de Jeanne s'est mise à faire partie intégrante de celle du pays. Elle doit donc rester inaliénable.

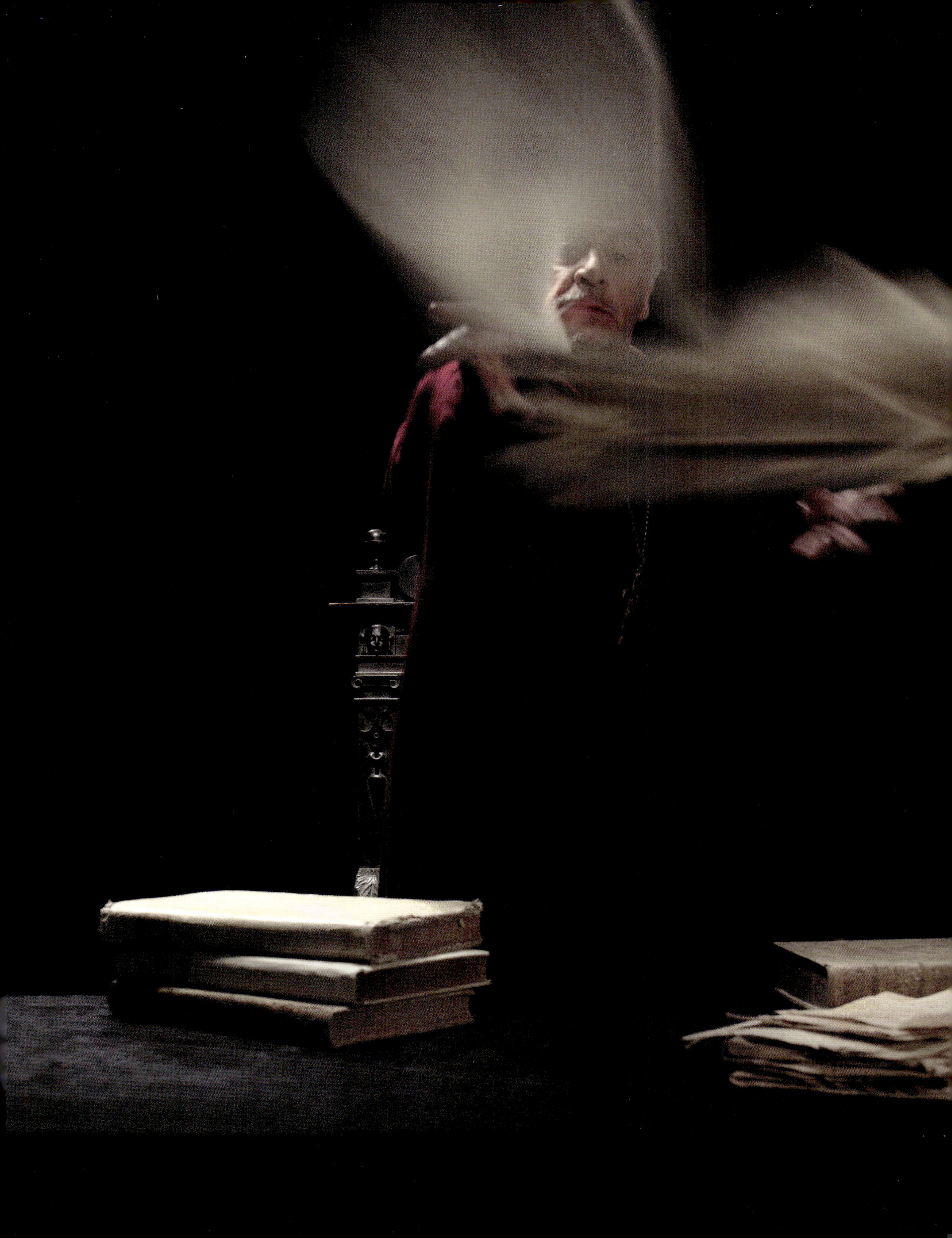

Naissance et tribulations d'un mythe

PAR OLIVIER BOUZY
Responsable scientifique du Centre Jeanne d'Arc à Orléans, chargé de cours à l'université d'Orléans

Il n'est pas question ici de dire que Jeanne d'Arc est uniquement mythique, mais de montrer comment ses contemporains ont eu recours aux mythes de leur époque pour comprendre et expliquer sa personne et son action, et en quelle mesure son image, au fil du temps, a pu devenir mythique. Qu'une personne puisse devenir un mythe ne devrait pas surprendre : nos contes et légendes sont pleins de personnages qu'on cherche à rattacher à des individus réels. Gilles de Rais serait le prototype de Barbe bleue… Mais, si l'on suit l'analyse de Georges Dumézil, un personnage ne devient jamais un mythe ; c'est le contraire. La Victoire sera incarnée en Suède dans le dieu borgne Odin et à Rome dans le héros borgne Horatius Coclès. C'est donc le mythe qui devient une personne. Selon ce modèle, Gilles de Rais n'a pu devenir Barbe bleue, d'ailleurs bien pâlichon tueur de ses six épouses alors que Gilles de Rais a mis à mort environ cent quatre-vingts petits garçons… Barbe bleue n'est autre qu'un avatar du mythe de Pandore, et il n'a pour seule fonction que d'apprendre aux petites filles qu'il peut être dangereux d'ouvrir des portes qui doivent rester fermées.

Pour Jeanne d'Arc, le processus est différent : pour comprendre et expliquer cette jeune femme qui semblait s'obstiner à braver les interdits de son époque (costume et coiffure) et à défier l'autorité d'une bonne partie des institutions (ses parents, l'Église), ses contemporains ont fait appel à différents modèles, religieux ou mythiques. Pour rendre tolérable sa transgression des interdits, on l'identifia à Judas Macchabée, révolté pour la bonne cause ; pour justifier sa présence dans l'armée, on fit appel au souvenir de Déborah, la prophétesse qui avait inspiré la victoire de Baraq au mont Thabor. Mais Judas Macchabée est un homme et Déborah une vieille femme, alors on fit également appel à Judith, aux sibylles et aux amazones. La multiplicité même des modèles montre d'ailleurs à quel point ses contemporains ont eu du mal à comprendre Jeanne et plus encore à l'expliquer. Encore ne s'agit-il là que des avis des théologiens, les laïcs utilisant d'autres références.

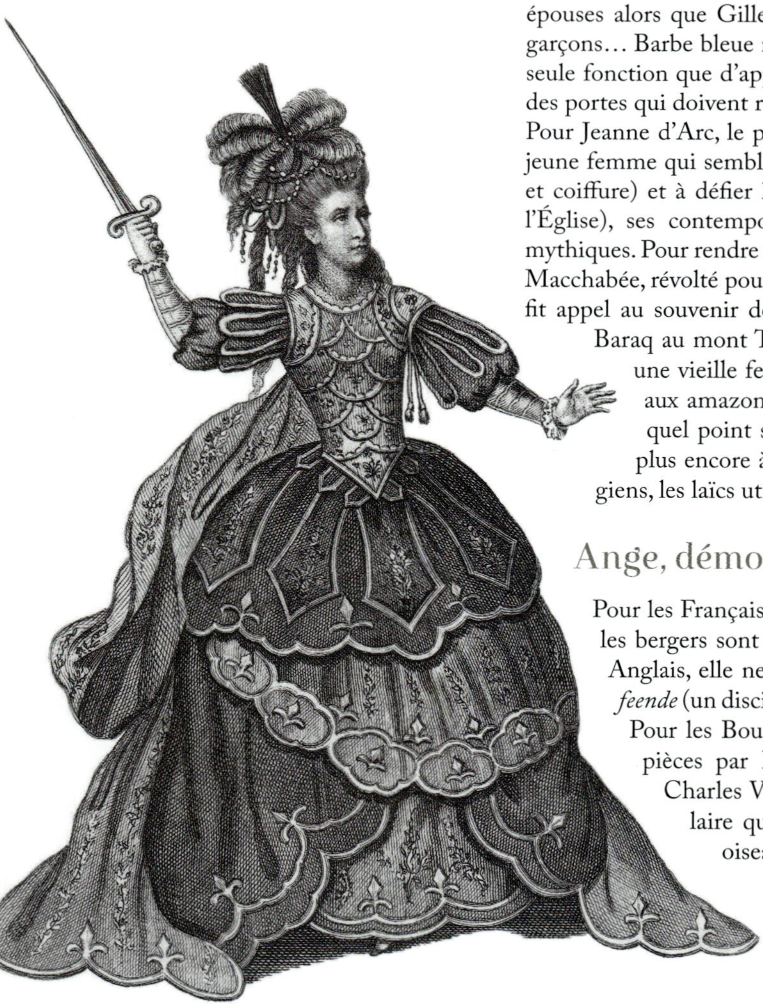

Ange, démon ou bergère ?

Pour les Français, c'est un ange, ou une bergère, ce qui revient au même, car les bergers sont les simples par excellence, ceux qui voient Dieu. Pour les Anglais, elle ne peut être qu'un démon incarné : *a disciple and lyme of the feende* (un disciple et un limier de l'enfer) selon les mots du duc de Bedford. Pour les Bourguignons, c'est une image publicitaire inventée de toutes pièces par Robert de Baudricourt pour sauver la cause perdue de Charles VII… On a même conservé les traces d'une tradition populaire qui fait de la Pucelle une sorte de magicienne parlant aux oiseaux, détentrice d'un savoir extraordinaire sur ce qui se passe dans le monde et d'un caractère plutôt féroce.

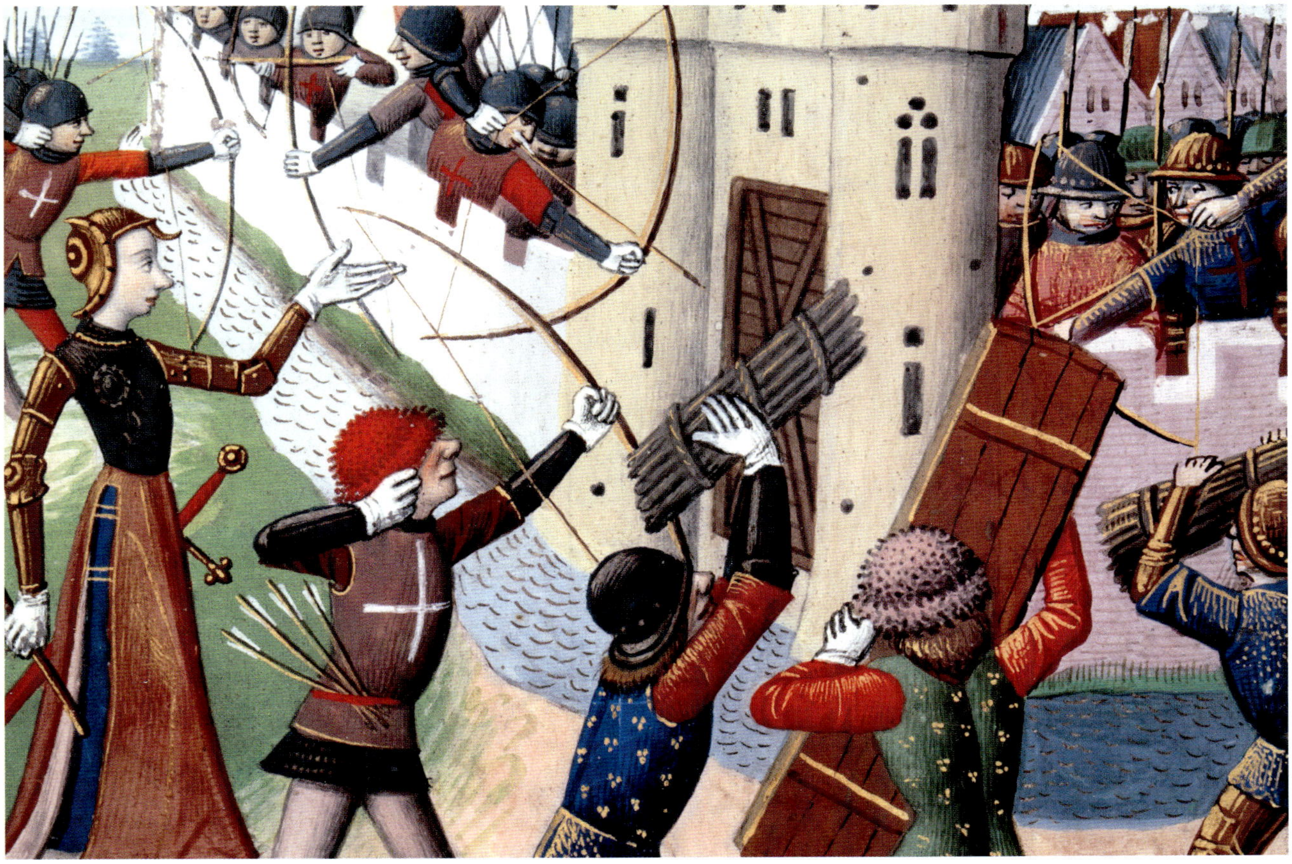

Les Français finirent toutefois par l'emporter. On oublia le limier de l'enfer, l'image publicitaire et la voyante extralucide au profit de la prophétesse, bergère mystique, symbole de l'intérêt de Dieu pour le royaume de France. En guise d'explication, on en fit une obstinée qui avait dépassé les buts que Dieu lui avait fixés. Puis la société française se sécularisa. On cessa de parler de l'abandon de Jeanne par Dieu pour en accuser le roi. Les Français finirent d'ailleurs par prendre leurs distances avec leurs monarques : Jeanne devint l'incarnation du peuple au point que sa représentation en Judith s'est trouvée à la base de l'image de Marianne.

Dès le XVIIe siècle, on étudie les textes dans le cadre d'une histoire critique, et les interprétations mythiques du XVe siècle – la bergère ou l'amazone par exemple – n'ont plus valeur que d'anecdotes. Les Anglais, en faisant juger Jeanne d'Arc, ont fourni une masse d'informations qui aurait permis de sortir définitivement l'image de la petite paysanne de la gangue des mythes médiévaux, si les courants politiques, de droite ou de gauche, ne l'avait réutilisée dans des mythes contemporains. Celui du sauveur, par exemple : les Français attendent, espoir toujours renouvelé et toujours déçu, un homme providentiel qui les sortira de leur marasme. Jeanne est citée comme modèle, alors même qu'à son époque on considérait que le sauveur était le Christ. On en fait aussi le symbole de l'unité nationale et de la résistance à l'envahisseur. Il faut bien reconnaître que, sur ce dernier point, elle a été supplantée en France par Astérix, qui, lui, est complètement mythique. Mais, à l'étranger, elle a conservé cette valeur au point qu'on lui assimile les femmes qui luttent contre l'oppression ou l'invasion : Yu Gwan Sun, par exemple, est qualifiée dans son pays de « Jeanne d'Arc coréenne », alors qu'au Canada elle est un symbole féministe. C'est en cela que Jeanne est devenue un mythe : elle est elle-même devenue un modèle.

CI-DESSUS

Jeanne d'Arc au siège de Paris conduit l'assaut à la porte Saint-Honoré, le 8 septembre 1429

Miniature tirée des *Vigiles du roi Charles VII* par Martial de Paris, dit d'Auvergne, vers 1484
Coll. BnF, Paris © Photo Josse/Leemage

Munie du bâton de commandement et l'épée à la hanche, Jeanne dirige les armées royales de Charles VII lors du siège de Paris, occupée par les Anglais, dans les premiers jours de septembre 1429. Elle y est même blessée, d'un carreau d'arbalète à la cuisse.

PAGE DE GAUCHE

T. Parkinson
Portrait de l'actrice Sophia Baddeley en Jeanne la Pucelle, dans la pièce *Henri VI* de William Shakespeare, 1776

Gravure publiée in *Bell's Shakespeare* de John Bell
© Florilegius/Leemage

Shakespeare a fait preuve d'une grande imagination quant à la vie de Jeanne pour nourrir l'intensité de son drame.

Du XVIIe au XXe siècle

Huit interprétations de Jeanne

Parmi la multitude de peintures consacrées à Jeanne d'Arc, infinies quant à leur technique, à leur forme, à leur iconographie et à leur style, la série sélectionnée ici donne à voir la vision que la jeune Lorraine a inspirée à huit grands peintres, unanimement reconnus pour la qualité. Exercice formel et esthétique qui permet la confrontation de langages picturaux, d'idées, mais encore de poétique, et plus largement d'univers. Où l'on peut découvrir des Jeanne d'Arc connues et reconnues, et d'autres pour le moins inattendues.

PAR ARMELLE FÉMELAT
Historienne de l'art

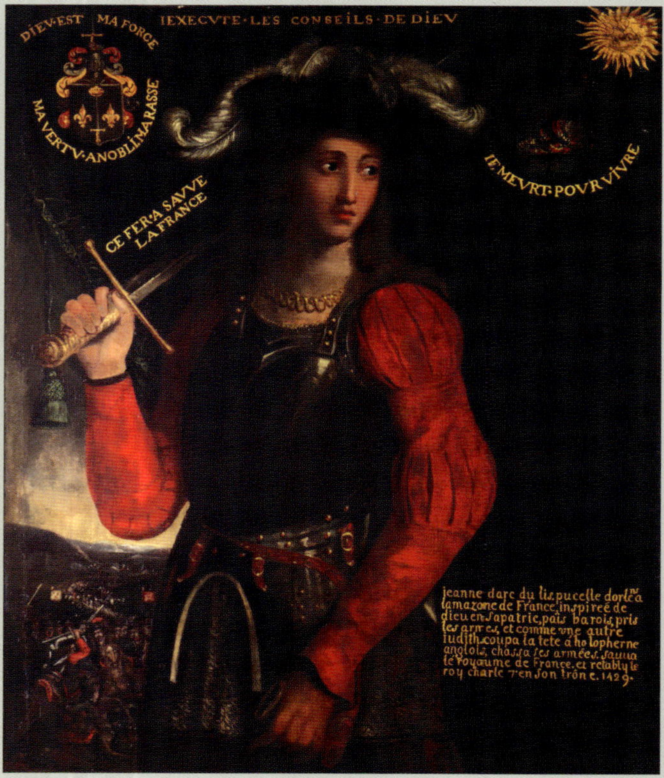

Anonyme d'après Simon Vouet *Jeanne d'Arc en costume de guerre* XVIIe siècle
Huile sur toile, 118 × 98 cm. Coll. Musée des beaux-arts de Rouen © C. Lancien, C. Loisel/Musées de la Ville de Rouen
Cette Jeanne empanachée, en robe et béret à plumes, armée d'une épée, dérive de celle peinte par Simon Vouet vers 1635 pour le Palais-Cardinal de Richelieu. En arrière-plan, une scène de bataille. Sur le bord inférieur, l'inscription commémorative « Jeanne d'Arc du Lis, pucelle d'Orléans, amazone de France, inspirée de Dieu en sa patrie, pays barrois, pris les armes, et comme une autre Judith coupa la tête à Holopherne anglois, chassa ses armées, sauva le royaume de France, et rétably le roi Charles 7e en son trône, 1429 ».

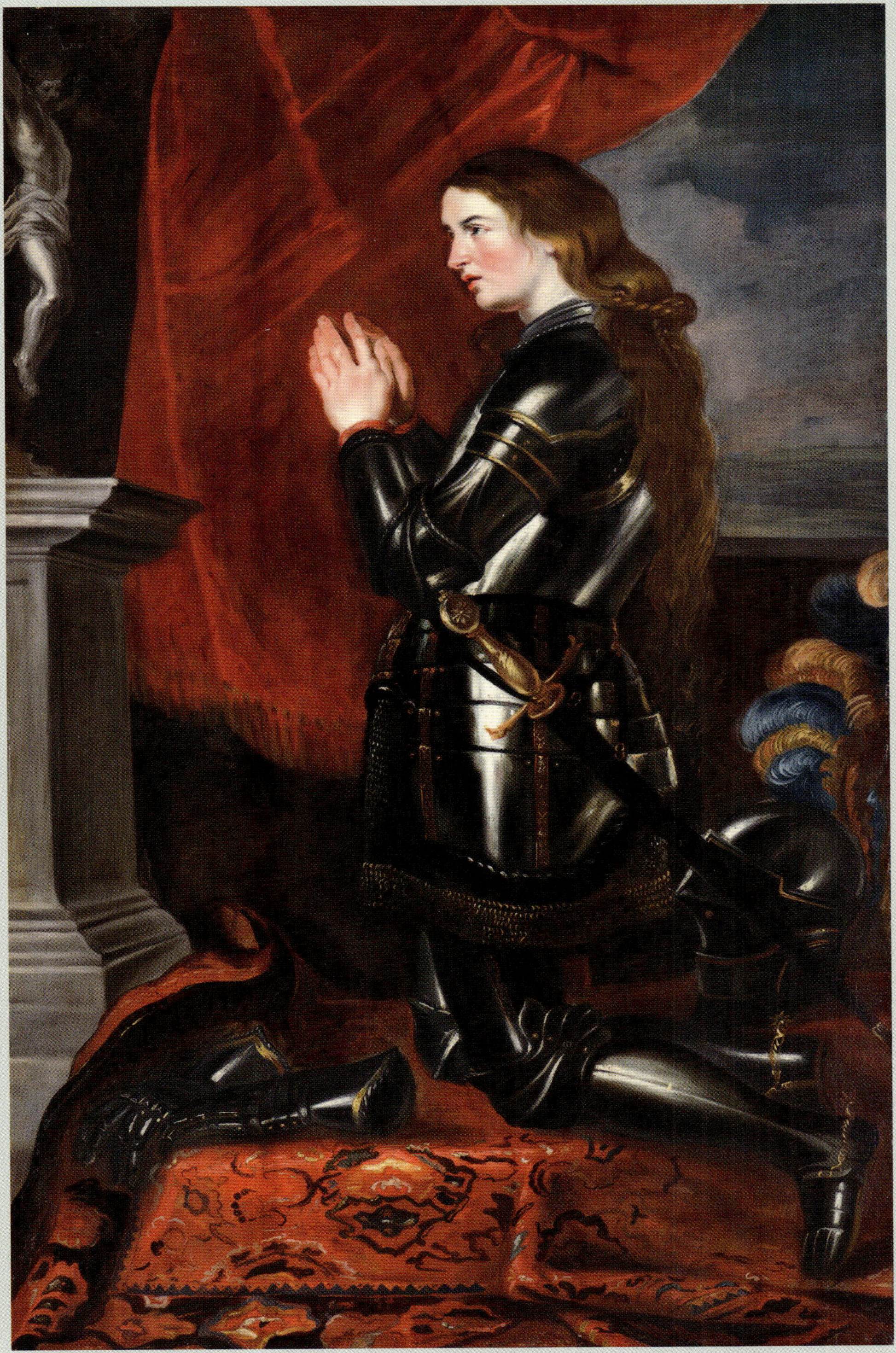

Pierre-Paul Rubens (atelier) ***Jeanne d'Arc en prière*** **1620** Huile sur toile, 181,6 × 116,2 cm. Coll. North Carolina Museum of Art, Raleigh, Purchased with funds from the State of North Carolina and gift of the North Carolina State Art Society (Robert F. Phifer Bequest)

Attribuée à l'atelier du maître flamand, cette Jeanne d'Arc en prière reprend le type de la « Jeanne orante » issu du premier monument honorifique élevé en 1502 sur le pont d'Orléans, connu grâce à des gravures. Le peintre l'a ici transposé dans le champ pictural reprenant la posture de la jeune femme, son armure et jusqu'aux casque et gantelets posés à ses côtés. Le visage poupin comme la cascade blonde de la chevelure tombant sur les épaules sont néanmoins pleinement rubéniens.

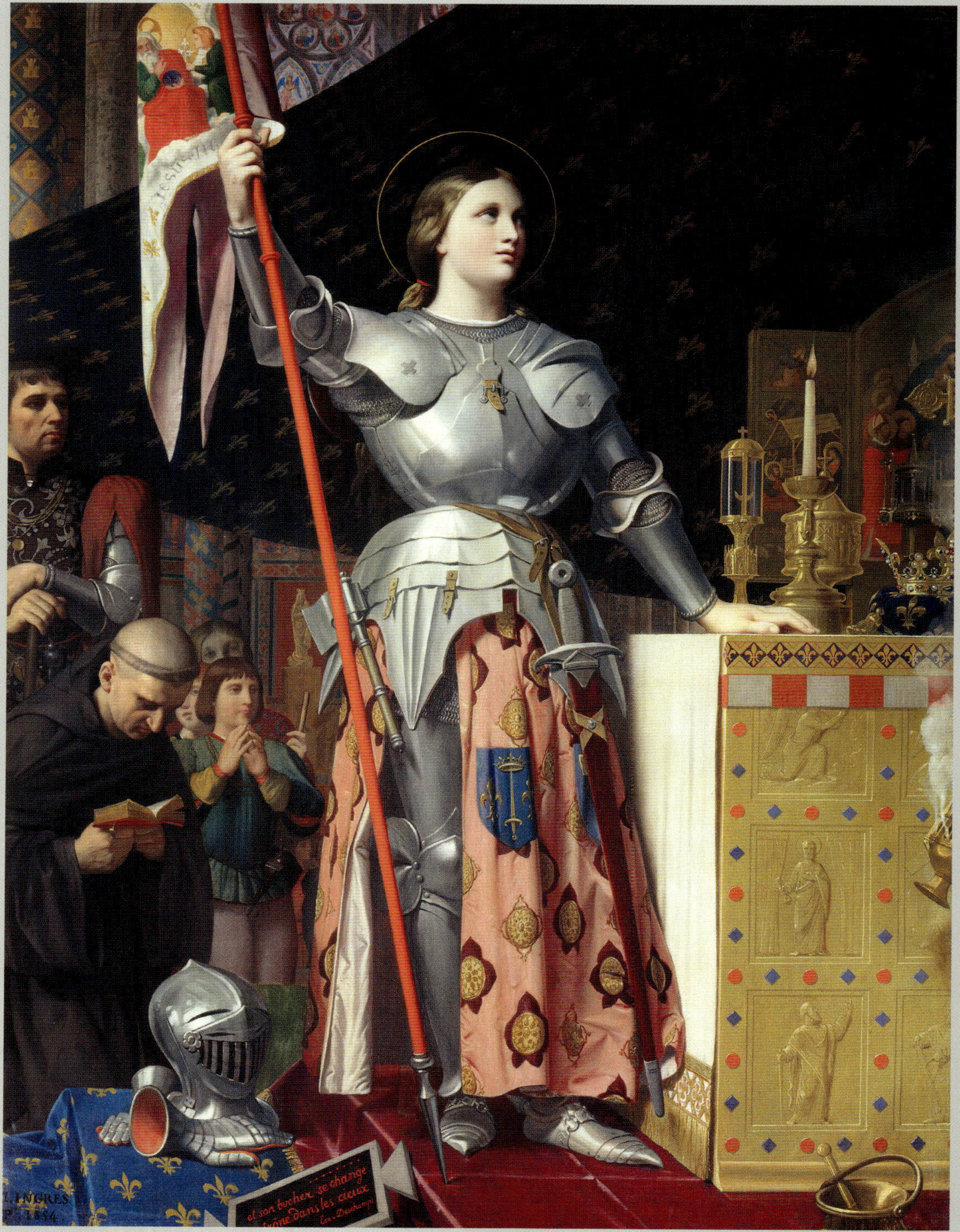

Jean Auguste Dominique Ingres *Jeanne d'Arc au sacre de Charles VII* **1854**
Huile sur toile, 240 x 178 cm. Coll. Musée du Louvre, Paris © Photo Josse/Leemage

Loin des scènes narratives et anecdotiques, cette célèbre *Jeanne d'Arc au sacre de Charles VII* d'Ingres marque le pas décisif qui sépare la scène narrative du type iconographique en lien avec l'événement historique du sacre du roi à Reims. Un « monument d'histoire nationale » selon l'historien de l'art Bruno Foucart. En arrière-plan de la figure principale, hiératique et auréolée avant même d'être sainte, Jean Pasquerel et Jean d'Aulon, auquel le peintre a prêté ses propres traits. L'extrême précision descriptive et la démarche historiciste du peintre renvoient au travail des grands historiens du XIXe siècle, Michelet et Quicherat.

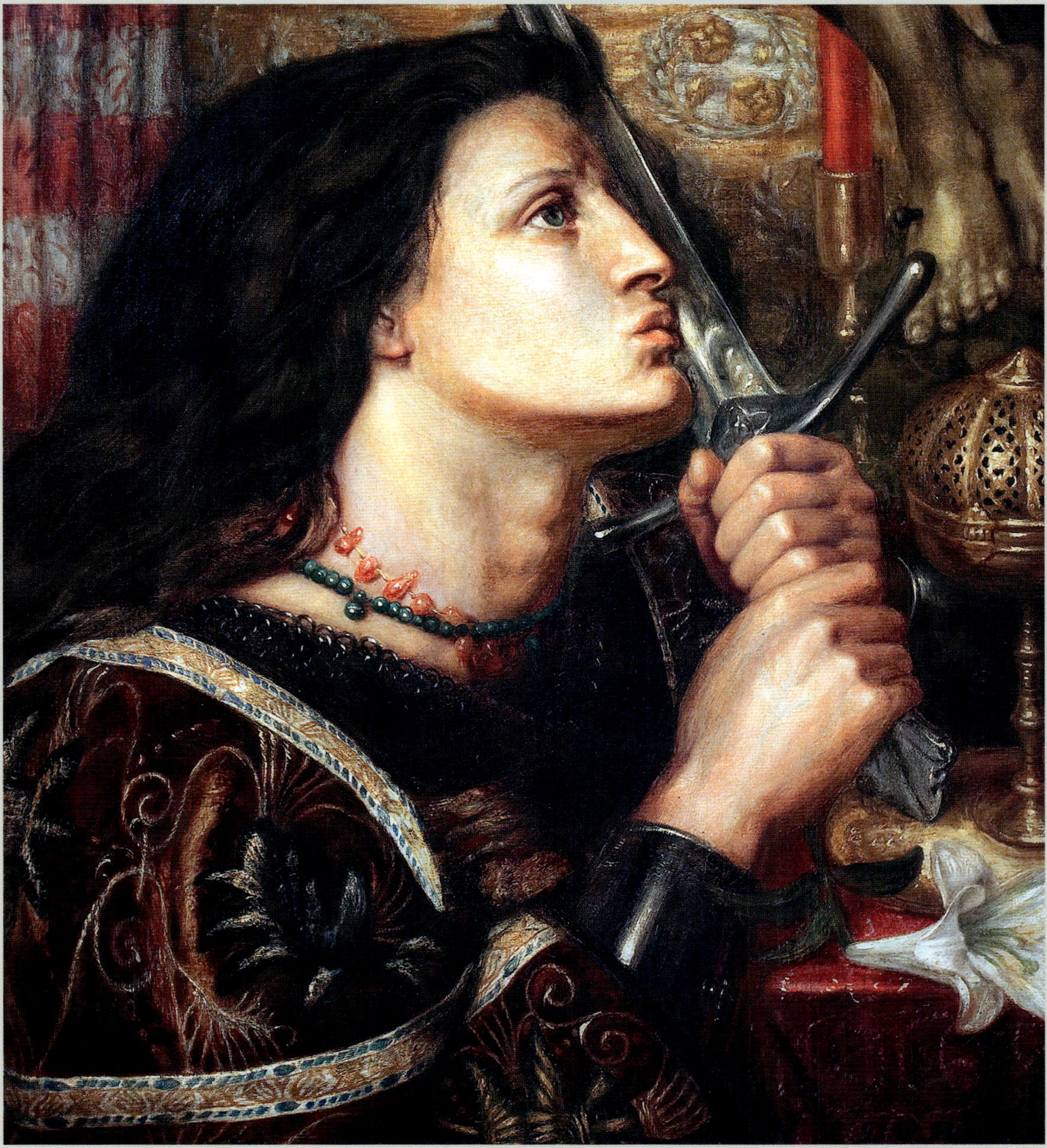

Dante Gabriel Rossetti *Jeanne d'Arc embrassant l'épée de la délivrance* **1863**
Huile sur toile, 61,2 × 53,2 cm. Coll. Musée du château de Strasbourg © Selva/Leemage
Rossetti a peint plusieurs versions de ce thème illustrant une vision toute britannique du lien qui attacha Jeanne à son épée, personnification de sa mission. Charnel et fusionnel, ce lien est rendu ici par la vigueur avec laquelle la jeune femme serre le pommeau et la tendresse avec laquelle elle embrasse la lame. La force vivante de sa foi est évoquée par le regard porté sur la croix et par le réalisme des pieds de Jésus crucifié ainsi que par le ciboire, le cierge et la fleur de lis posés en retrait. Vision très personnelle d'un artiste athée mais néanmoins mystique, fasciné par la splendeur esthétique du catholicisme.

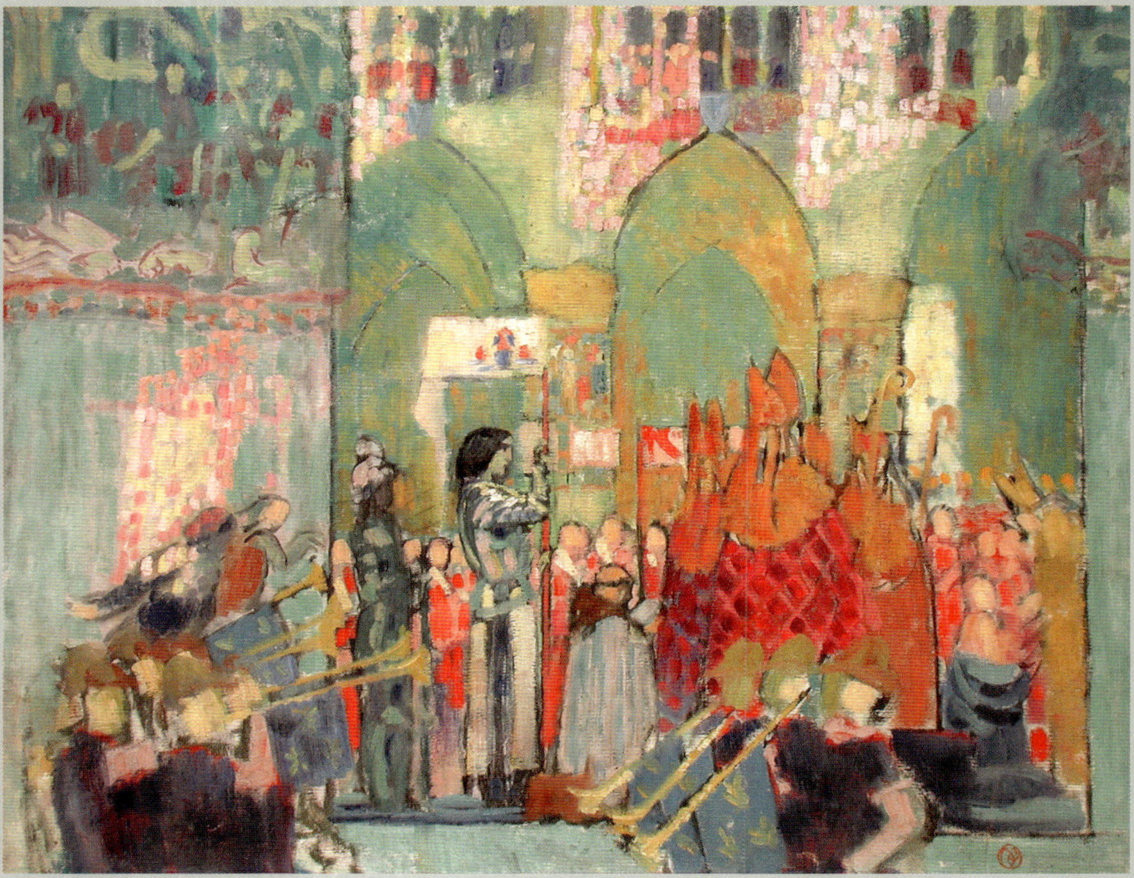

Maurice Denis *Jeanne d'Arc pendant le sacre de Charles VII* **1909**
Huile sur toile, 94 × 99 cm. Coll. Musée des beaux-arts d'Orléans, cliché François Lauginie
Alors qu'il se rend à Reims avec sa fille Noëlle le 21 novembre 1909, Maurice Denis réalise plusieurs croquis de l'intérieur de la cathédrale, dont celui-ci. Le but de ce voyage était de trouver une idée pour le tableau commandé par Gabriel Thomas, destiné à servir d'esquisse à un « tableau en cire » prévu pour figurer dans le décor illusionniste que Thomas était en train de concevoir autour de Jeanne d'Arc dans son dispositif installé au Musée Grévin, à l'origine exposé dans le palais des Mirages de l'Exposition universelle de 1900.

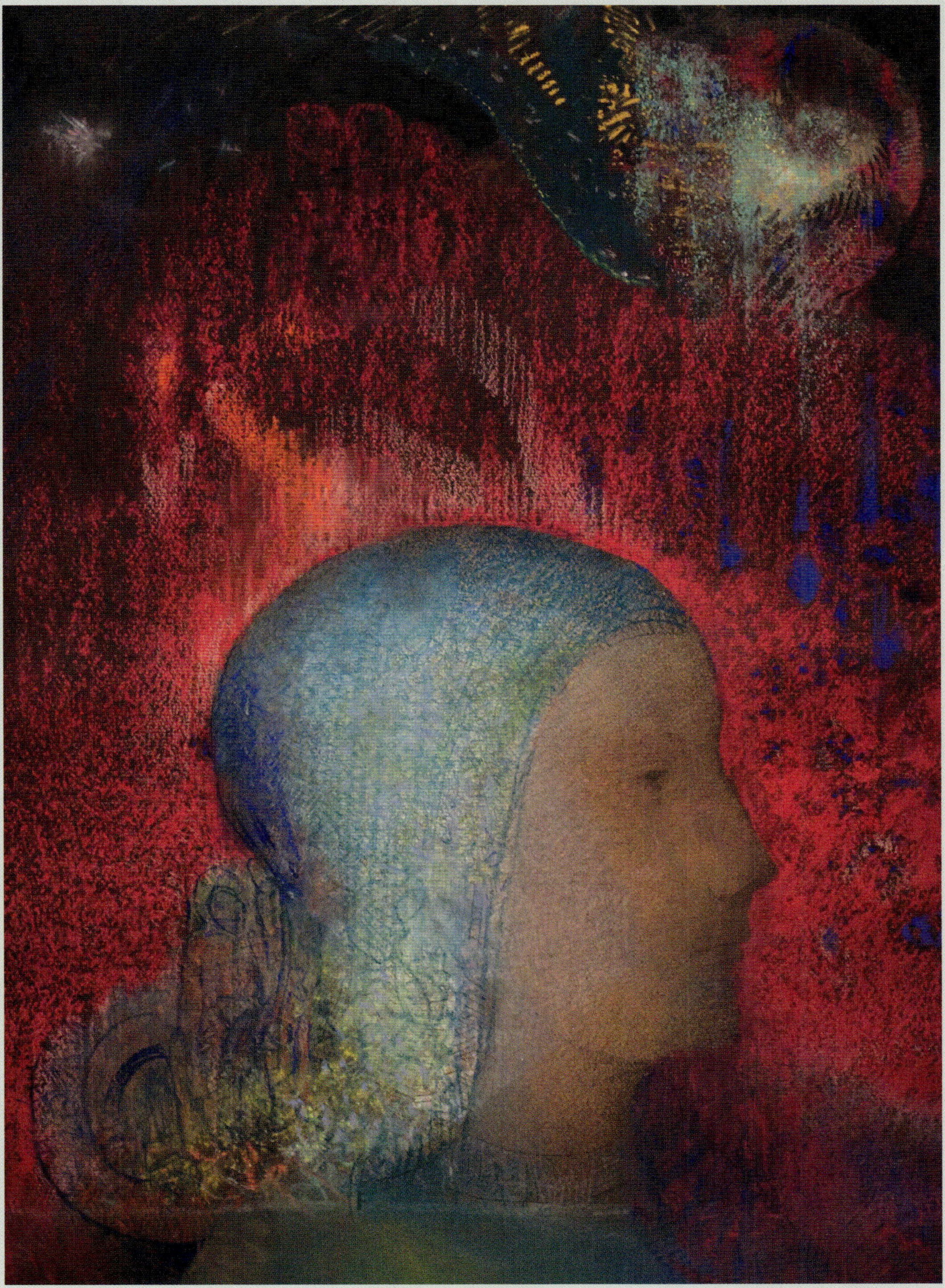

Odilon Redon *Jeanne d'Arc : la tête seule, de profil à droite* 1900
Pastel, 52 × 36 cm. Coll. Musée d'Orsay, Paris © Gaspart/Scala, Florence
Cette tête de profil droit, dont le regard se dérobe, se détache d'un fond rouge flamboyant, comme en apesanteur. Le rouge incandescent contraste avec le flou bleu au niveau des épaules. Rien n'indique qu'il s'agit de Jeanne d'Arc en dehors du titre donné par l'artiste. L'image est, comme toujours chez Redon, énigmatique et l'iconographie syncrétique. Le rouge pourrait être celui du feu flamboyant, du bûcher, mais également du feu qui régénère, ainsi que l'eau qui peut lui être associée dans les rites purificatoires. Et la forme bleue, au-dessus, pourrait être l'âme régénérée, toujours dans cette même idée de renaissance spirituelle.

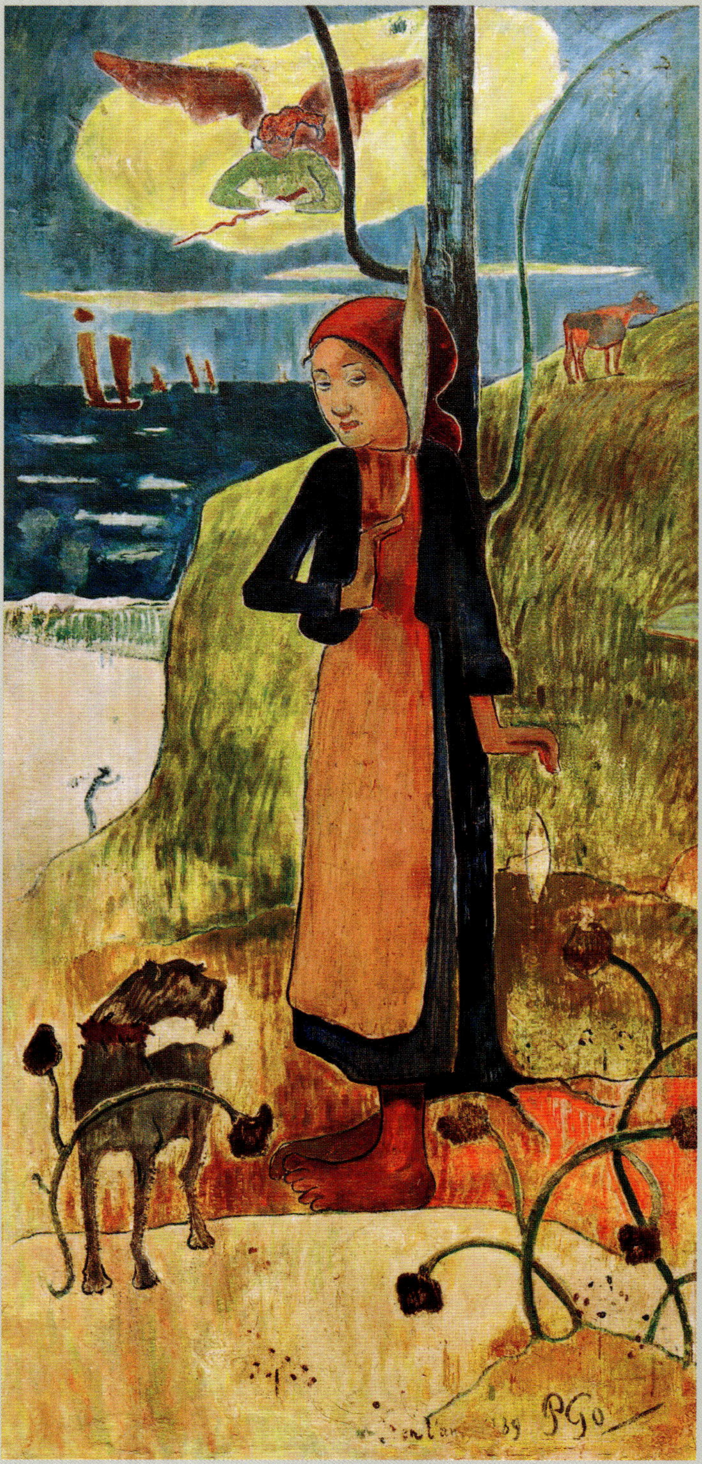

Paul Gauguin *Jeune Bretonne filant (sainte Jeanne d'Arc)* 1889
Peinture sur plâtre, 116 x 58 cm. Coll. Rijksmuseum Vincent Van Gogh, Amsterdam © akg-images
Cette « Jeanne bretonne » est un des éléments du décor que Gauguin peint en novembre 1889 dans la salle à manger de l'auberge de Marie Henry au Pouldu, où l'artiste séjourne régulièrement depuis plusieurs années déjà. Ce décor se composait aussi de céramiques. Le titre de la toile, *Jeune Bretonne filant,* renvoie au cadre balnéaire et au type physique de la paysanne bretonne tenant son rouet. La seule référence iconographique à Jeanne d'Arc est l'archange Michel dans le nuage.

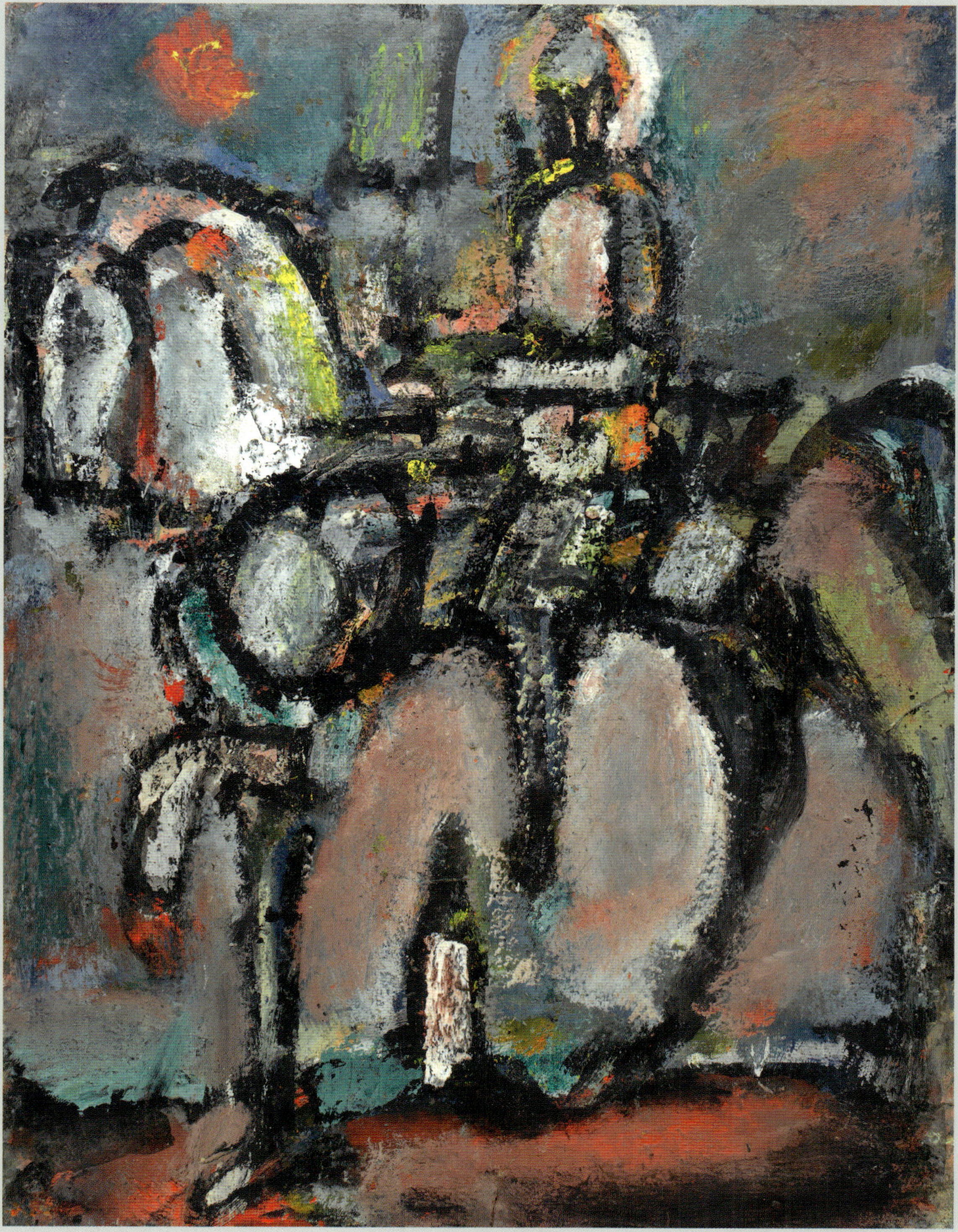

Georges Rouault *Jeanne d'Arc* **Vers 1939** Huile, encre, gouache sur papier marouflé sur toile, 67,7 × 51,5 cm. Coll. Centre Pompidou, MNAM-CCI

Artiste profondément religieux, Rouault a peint plusieurs Jeanne d'Arc entre 1939 et 1948, toutes sur le même principe. Un cadrage serré sur la cavalière, tête nimbée et bannière à la verticale, sur un fond de paysage dominé par un soleil incandescent. La force du trait et la palette froide concourent à exprimer la solitude de la sainte dans ce paysage désolé, où seul le clocher d'une église se profile au loin. Jeanne chevauche ainsi, résolue, vers son destin inconnu. Le cerne noir des contours contribue à la gravité de la scène.

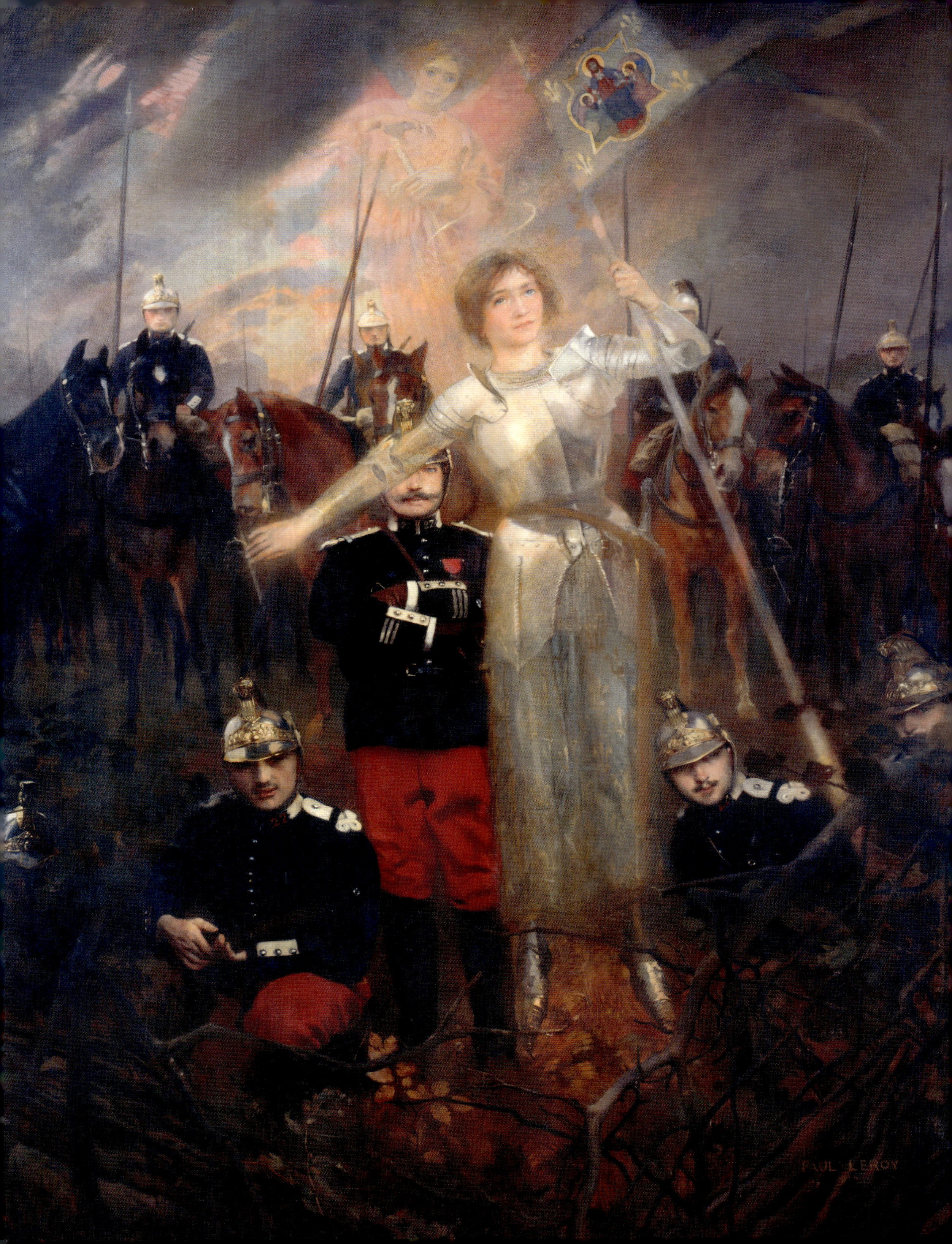
PAUL LEROY

Symbole national, enjeu politique

PAR COLETTE BEAUNE
Professeur émérite à l'université Paris-Ouest Nanterre,
grand prix d'histoire 2012 de l'Académie française pour l'ensemble de son œuvre

Les deux procès dans lesquels Jeanne fut impliquée, celui de condamnation en 1431 et celui en nullité de 1456, parlent très peu de la France, encore moins de l'Angleterre ou du sentiment national. Pour toucher le politique, il faut s'adresser aux mémoires des avocats du roi antérieurs à 1456, qui entreprennent de présenter cette guerre franco-anglaise comme une guerre entre deux nations. Ou encore aux intellectuels, théologiens, juristes ou poètes de l'entourage royal qui, pressés par l'invasion anglaise, construisirent à la demande de l'État les concepts nécessaires à la résistance. Mais pas à Jeanne. De ce qu'on dit chez le roi, elle sait peu de choses et serait bien en peine de disserter sur l'excellence de la culture française.

Ce qu'elle ressent pour la France et son roi est à la fois plus simple et plus compliqué. La Pucelle n'emploie jamais le mot nation ni le mot patrie. La France est d'abord pour elle une vaste région où réside son roi, située entre la Seine, le Val de Loire, Bourges ou Poitiers. Quand elle veut désigner l'ensemble politique, elle dit « toute France » ou « le saint royaume », premier pays de chrétienté qui doit durer jusqu'à la fin des temps et qu'il faut sauver. Jamais elle n'a pensé incarner la France, seul le roi est la France. Quant aux Français, elle les imagine comme une famille dont le roi est le père spirituel.

Il ne fut pas facile aux historiens du XVe siècle de rendre compte de l'histoire de Jeanne. Les chroniques royales centrèrent le récit sur le roi très victorieux dont la Pucelle n'aurait été qu'un auxiliaire discret. Les chroniques bourguignonnes parlent d'elle comme d'une pauvre fille manipulée en sous-main par les grands, hérétique et justement punie. Inversement, les textes armagnacs entourèrent immédiatement ses exploits d'une aura mystique et légendaire. Il y eut donc dès l'origine deux Jeanne possibles, très différentes, qui perdurèrent toutes les deux.

« C'est la France incarnée ! »

Dès le début du XIXe siècle, les romantiques redécouvrent le Moyen Âge et l'ambiguïté du personnage. Pour cette France qui changea quatre fois de régime avant 1850 et trois fois de plus jusqu'en 1900, la Pucelle devint un enjeu politique et religieux d'importance, que se disputèrent républicains et monarchistes, croyants ou athées. Dès 1820, craignant le retour d'une monarchie qui se prétend de droit divin, le libéral Augustin Thierry donne les principes d'une histoire nationale dont le peuple, et non plus le roi, serait le principal moteur. « C'est par Jeanne, écrit-il, que l'élan patriotique des pauvres délivra la France. » En 1838, l'*Histoire des Français* de Théophile Lavallée renchérit : « C'est l'être en qui le sentiment national a été le plus profond ! C'est la France elle-même, c'est la France incarnée ! » Puis c'est à

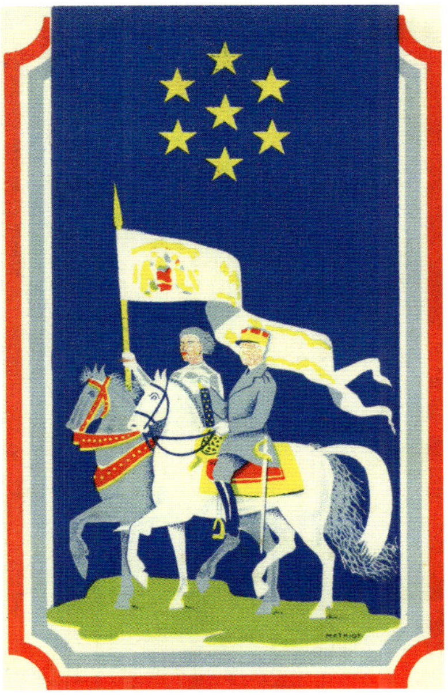

CI-DESSUS
***Fête de Jeanne d'Arc : le maréchal Pétain chevauche aux côtés de l'héroïne* 1941**
Illustration anonyme pour une carte postale
© Coll. IM/Kharbine-Tapabor
Pendant la Seconde Guerre, le régime de Vichy utilisa intensément la figure de Jeanne dans un sens traditionnaliste et anglophobe.

PAGE DE GAUCHE
Paul Leroy
***La Sainte de la frontière* 1914**
Huile sur toile, 330 × 250 cm. Coll. Musée de l'Armée, Paris © RMN-GP/Image Musée de l'Armée
Originaire de Lorraine, Jeanne d'Arc est réputée veiller sur les soldats jusque dans les tranchées.

11e Année.— N° 520 60 Centimes 24 Mai 1925

LE CARNET DE LA SEMAINE

Lendemain d'Elections

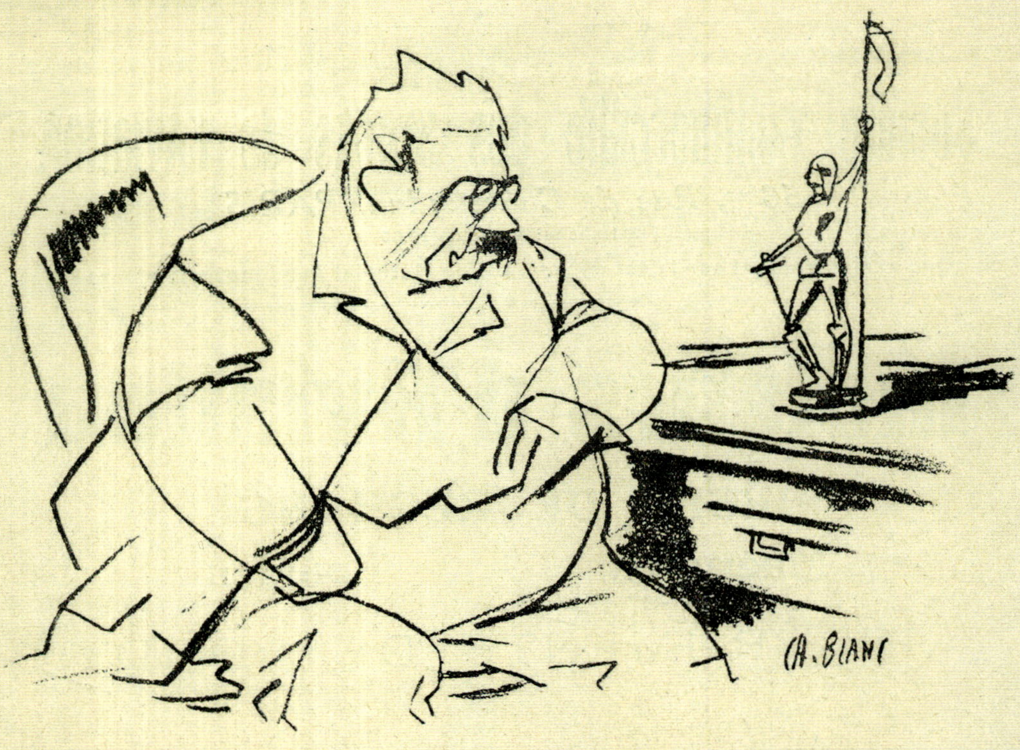

— Puisqu'elle entendait des voix, elle aurait bien dû nous les apporter...

Michelet de tracer le portrait de Jeanne qui entra dans tous les livres d'histoire de la IIIe République. La France était femme et il était donc logique qu'elle sortit du cœur d'une femme, de sa piété et de ses larmes. L'aventure johannique marquait ainsi la naissance de la nation France et symbolisait la résistance du peuple à l'étranger.

Les catholiques ne se mobilisèrent pour la Pucelle que vers 1850. Monseigneur Dupanloup, évêque d'Orléans, considéra que Jeanne était tout autant une sainte catholique qu'une héroïne nationale. Le procès de canonisation, entre 1868 et 1920, exaspéra les tensions. Les républicains tenaient à la fille du peuple, trahie par les nobles et brûlée par les prêtres, les catholiques supportaient de moins en moins qu'on mette en doute l'authenticité des voix. À l'extrême droite, on utilisa Jeanne pour bouter hors de la France éternelle tous les juifs, enjuivés et autres francs-maçons.

Curieusement la guerre de 1914 et l'Union sacrée ramenèrent quelque peu les esprits à la raison. La Pucelle, originaire des régions menacées, protégea la frontière et veilla sur les soldats dans les tranchées. Patronne des envahis, elle serait apparue au-dessus de la cathédrale de Reims en feu. Au lendemain du conflit, des statues et des vitraux dédiés à la nouvelle sainte furent commandés pour la plupart des paroisses de France et installés à côté des plaques funéraires où s'alignaient les noms des morts. La Seconde Guerre mondiale n'eut aucun effet apaisant. Les gaullistes arborèrent la croix de Lorraine, tandis que le régime de Vichy utilisa intensément Jeanne dans un sens traditionnaliste et anglophobe.

À la fin de la guerre, Jeanne avait donc glissé à droite, et l'université qui avait, elle, plutôt glissé à gauche, abandonna le sujet jusqu'aux années 2000. Le six centième anniversaire de la naissance de Jeanne en 2012 se déroula sans problème. Certes, aucun colloque n'eut lieu à Paris, mais les quatre colloques provinciaux (Blois, Domrémy-Vaucouleurs, Orléans et Montpellier) furent un succès. Et cette année, tandis que Philippe de Villiers publie *Le Roman de Jeanne d'Arc*, Laurent Fabius projette à Rouen un Historial Jeanne d'Arc. La Pucelle deviendrait-elle presque consensuelle ? Les historiens vont pouvoir enfin travailler tranquilles.

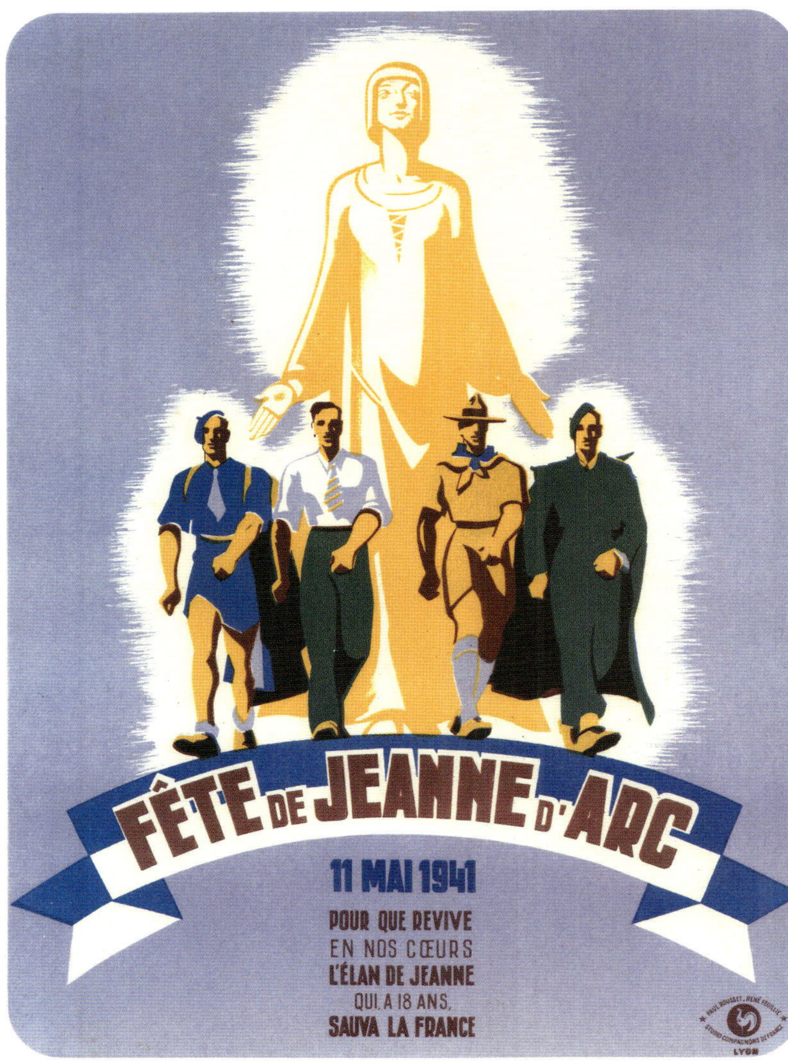

CI-CONTRE
Fête de Jeanne d'Arc du 11 mai 1941
Affiche, 40 × 30 cm, édition du secrétariat général de l'Information © Coll. Métropole-Rouen-Normandie

PAGE DE GAUCHE
Charles Blanc
***Le Carnet de la semaine* n° 520, 24 mai 1925, au lendemain de la défaite du « bloc national » aux élections législatives**
Coll. & © Caricadoc/Domaine public
L'image et le mythe de Jeanne d'Arc sont largement récupérés, y compris par les caricaturistes.

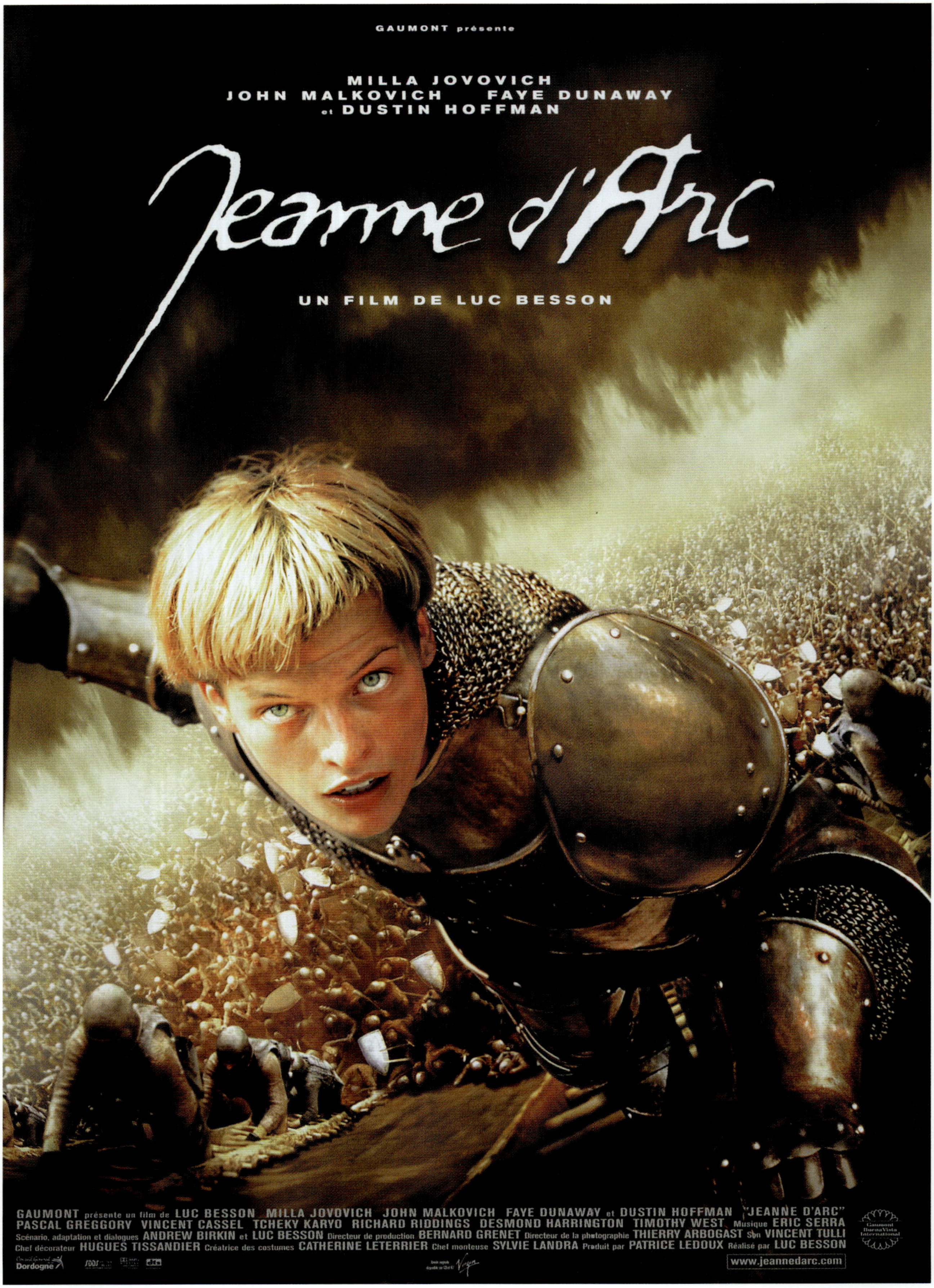
GAUMONT présente
MILLA JOVOVICH
JOHN MALKOVICH FAYE DUNAWAY
et DUSTIN HOFFMAN
Jeanne d'Arc
UN FILM DE LUC BESSON
GAUMONT présente un film de LUC BESSON MILLA JOVOVICH JOHN MALKOVICH FAYE DUNAWAY et DUSTIN HOFFMAN "JEANNE D'ARC"
PASCAL GREGGORY VINCENT CASSEL TCHEKY KARYO RICHARD RIDDINGS DESMOND HARRINGTON TIMOTHY WEST Musique ERIC SERRA
Scénario, adaptation et dialogues ANDREW BIRKIN et LUC BESSON Directeur de production BERNARD GRENET Directeur de la photographie THIERRY ARBOGAST Son VINCENT TULLI
Chef décorateur HUGUES TISSANDIER Créatrice des costumes CATHERINE LETERRIER Chef monteuse SYLVIE LANDRA Produit par PATRICE LEDOUX Réalisé par LUC BESSON
Gaumont BuenaVista International
Dordogne
www.jeannedarc.com

Une star du grand écran

PAR ARMELLE FÉMELAT
Historienne de l'art

Inhérente aux créations cinématographiques, collectives par essence, la question de l'interprétation se complique encore un peu plus lorsqu'il s'agit de Jeanne d'Arc, figure complexe s'il en est. À bien y regarder, les mises en scène de la Pucelle sur le grand écran oscillent entre deux tendances antagonistes. D'un côté, de grandes fresques historiques à l'accent épico-lyrique, de l'autre, des visions mystiques de la sainte et martyre au ton épuré.
Se prêter corps et âme à la Pucelle n'est pas une mince affaire… À chacune son jeu et son ressenti, orientés par la vision et les indications, plus ou moins directives, du réalisateur. Autant de Jeanne que d'actrices donc, « vivante énigme », réceptacle d'infinies variations au gré des interprétations, des choix stylistiques voire des colorations politiques ou religieuses surimposées, stigmates de leur temps. La première fut l'écuyère du cirque d'hiver Jeanne Calvière, en 1900, dans le court-métrage de Georges Méliès.

Et les plus grandes s'y sont frottées…

Plutôt trois fois qu'une pour les plus chanceuses, à l'instar d'Ingrid Bergman, tandis que les plus vulnérables y ont laissé des plumes, sinon leur carrière et leur raison comme Renée Falconetti, dont ce fut l'unique rôle au cinéma tant elle fut traumatisée (1928, sous la direction de Carl Theodor Dreyer). Quant à Ingrid Bergman, après être montée sur les planches à Broadway en 1946, elle fit le grand écart entre la fresque grandiloquente de Victor Fleming (1948) et l'« oratorio cinématrographique » de Roberto Rossellini, ovni expérimental entre cinéma et théâtre (1954). En 1916, pour la première superproduction hollywoodienne sur le sujet, Cecil B. DeMille avait choisi la diva Géraldine Farrar, notamment pour sa ressemblance physique avec l'héroïne du tableau de Bastien-Lepage qui avait triomphé au Salon de 1880.
Jeanne d'Arc fut le premier grand rôle de Jean Seberg au cinéma grâce à Otto Preminger (1957) ainsi que celui de Florence Carrez-Delay, dirigée par Robert Bresson en 1962, dont la carrière a finalement été celle des lettres et de la mise en scène. Il faut encore mentionner Simone Genevoix dans la première grande reconstitution historique et populaire française de Marco de Gatsyne (1928), Michèle Morgan, héroïne de Jean Delannoy dans *Destinées* (1954), Sandrine Bonnaire dans le « reportage médiéval » de Jacques Rivette (1994), ou encore Milla Jovovich, figure de proue du blockbuster international de Luc Besson (1999), pour ne citer que les plus marquantes.

Affiche du film *Jeanne d'Arc*, de Luc Besson, 1999
© Cat's Coll./Gaumont Buena Vista

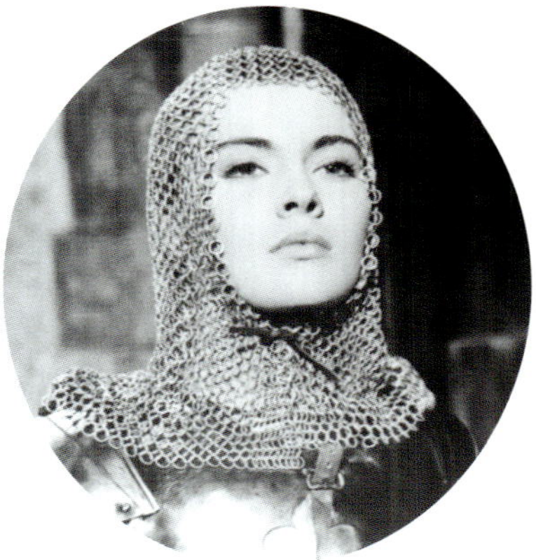

Jean Seberg dans *Saint Joan*, film d'Otto Preminger, 1957
© akg-images/Album
© John Jay (Robert Willoughby)/United Artists

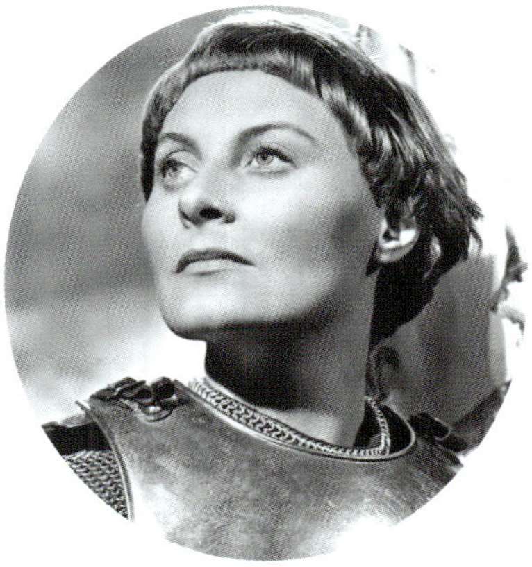

Michèle Morgan dans *Jeanne*, de Jean Delannoy, film collectif *Destinées*, 1954 © akg-images/Interfoto/Friedrich

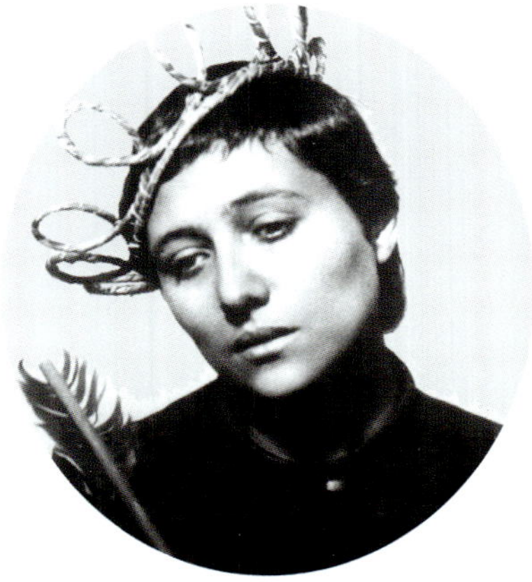

Renée Falconetti dans *La Passion de Jeanne d'Arc*, film de Carl Theodor Dreyer, 1928
© Rue des Archives/KDA

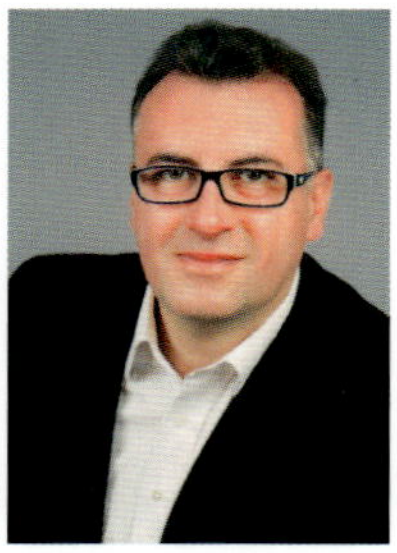

© DR

3 QUESTIONS À ÉRIC DUBERTRAND

Directeur régional de la Caisse des dépôts et consignations de Haute-Normandie

La Caisse des dépôts et consignations et ses filiales constituent un groupe public au service de l'intérêt général et du développement économique du pays. Ce groupe remplit des missions d'intérêt général en appui des politiques publiques conduites par l'État et les collectivités locales.

Que représente l'Historial pour vous ?
L'Historial constitue un projet culturel emblématique alliant modernité et qualité artistique exceptionnelle au service d'une approche vivante de l'histoire. C'est le lieu culturel et muséographique qui manquait à Rouen pour raconter à la fois l'épopée de Jeanne d'Arc et son contexte historique, mais aussi explorer l'évolution du mythe de Jeanne à travers les siècles et l'utilisation qui en a été faite, tant d'un point de vue intellectuel qu'artistique. À cet effet, le parcours muséographique se veut attractif et s'appuiera notamment sur des supports numériques innovants. C'est donc un projet tout à fait essentiel pour le territoire au plan culturel et touristique.

Pourquoi la Caisse des dépôts et consignations (CDC) accompagne-t-elle ce projet ?
Rouen et son agglomération attirent une demande forte en tourisme culturel et patrimonial. À ce titre, l'édition 2013 de « Normandie impressionniste » a mis en lumière le fort potentiel touristique de l'agglomération rouennaise. C'est pourquoi la CDC, partenaire des collectivités, a tout naturellement répondu présente aux côtés de la Crea devenue le 1er janvier 2015 Métropole Rouen Normandie pour accompagner ce projet qui renforce l'attractivité du territoire haut-normand en s'inscrivant dans une offre globale, avec notamment l'ouverture du Panorama XXL depuis décembre 2014.

Quels sont les autres engagements de la CDC sur le territoire ?
Le groupe Caisse des dépôts est très présent en Haute-Normandie par l'action de son établissement public mais aussi de ses filiales en accompagnant les politiques publiques locales et nationales, que ce soit au plan du développement économique, de l'aménagement du territoire, de la mobilité ou de la transition énergétique.

Historial Jeanne d'Arc

7, rue Saint-Romain, Rouen / www.historial-jeannedarc.fr

Un projet de la Métropole Rouen Normandie, décidé et réalisé sous la présidence de **M. Laurent Fabius** (2010-2012) et de **M. Frédéric Sanchez** (depuis 2012).
Avec l'accord bienveillant de **M. Pierre-Henry Maccioni**, préfet de la région Haute-Normandie, et **Mgr Jean-Charles Descubes**, archevêque de Rouen.
Maîtrise d'œuvre de la restauration des bâtiments : **M. Pierre-André Lablaude**, architecte en chef des Monuments historiques et inspecteur général des Monuments historiques.
Programme muséographique : **M. Claude Mollard**, consultant culturel (CMC Consultants).
Scénographie : **Mme Clémence Farrell** (Agence Clémence Farrell).

Une publication de
BEAUX ARTS / TTM ÉDITIONS

3, carrefour de Weiden
92130 Issy-les-Moulineaux
Tél. : 01 41 08 38 00 – Fax : 01 41 08 38 49
www.beauxartsmagazine.com
RCS Paris B 435 355 896

ÉDITEUR
Claude Pommereau
COORDINATION ÉDITORIALE
Armelle Fémelat
CRÉATION GRAPHIQUE
Catherine Varotsi
ICONOGRAPHES
Laurène Flinois, Valérie Massignon (XY Zèbre)
SECRÉTAIRE DE RÉDACTION
Virginie Vernevaut

ONT COLLABORÉ À CE NUMÉRO
Colette Beaune, Olivier Bouzy, Jean-Marc Goglin, Julien Noblet

NOUS TENONS À REMERCIER POUR LEUR AIDE PRÉCIEUSE
Sylvain Amic (Musée des beaux-arts de Rouen), Philippe Barbenès et Sarah Eichhoff (Les Films d'Ici), Alain Bardin et Frédérique Horn (Communauté de l'Agglomération de Rouen Elbeuf Austreberthe), Alain Beaune, Angela Bell-Morris (North Carolina Museum of Art) Fabienne Delfour (Leemage), Éric Dubertrand (direction régionale CDC Haute-Normandie), Patrick Hoarau, Mélinée Kambilo (agence Clémence Farrell), Pierre-André Lablaude et Thierry Garret (agence Lablaude), Nelly Matras (Musée des beaux-arts d'Orléans), Claude Mollard et Julie Binet (CMC), Helen Scott (Édimbourg, City Museum and Art Gallery)

BEAUX ARTS / TTM ÉDITIONS
PRÉSIDENT
Thierry Taittinger
DIRECTRICE GÉNÉRALE
Marie-Hélène Arbus
DIRECTRICE DES PARTENARIATS
Marion de Flers
CHEF DE PRODUIT
Charlotte Ullmann
DIRECTEUR ARTISTIQUE
Bernard Borel

ISBN 979-1-02040-151-9
DÉPÔT LÉGAL Mars 2015
PHOTOGRAVURE Key Graphic, Paris
IMPRIMÉ EN FRANCE

DIFFUSION LIBRAIRIES :
CLIENTS UD Flammarion Diffusion
Tél. : 01 41 80 20 20
commandesclients@union-distribution.fr
AUTRES LIBRAIRIES
Florence Hanappe – Tél. 01 41 08 38 06
VENTE PAR CORRESPONDANCE
Service abonnement Beaux Arts magazine
Bureau B 1312
60643 Chantilly Cedex
www.beauxartsmagazine.com

EN COUVERTURE
Vue sur les vestiges de l'ancienne salle de l'Officialité
© Coll. Métropole-Rouen-Normandie (Thomas Boivin)